# 为什么是耶稣?

航行在祂变革性的信息里

揭示祂话语的永恒影响

李玉萍

方舟出版社
arkhousepress.com

© 2024 李玉萍

版权所有。
除了出于学习、研究、批评或评论的公平交易之外，
根据《版权法》的规定，未经书面许可，不得通过任何程序复制本书的任何部分。
经文取自《圣经》，New International Version®，NIV®。版权所有 © 1973, 1978,1984
, 2011由 Biblica, Inc.™ 经 Zondervan 许可使用。全球保留所有权利。
www.zondervan.com "NIV" 和 "New International Version" 是在
美国专利商标局和 Biblica, Inc.™ 的商标局注册。
经文取自 New King James Version®。版权所有 © 1982, 托马斯·尼尔森。使用必经许
可。版权所有。

出版物数据编目：
标题：为什么是耶稣？航行在祂变革性的信息里
ISBN：978-1-7636468-2-7 (待定)
主题：REL012040 [宗教/基督教生活/励志]；REL012120 [宗教/
基督徒生活/灵命成长]；REL030000 [宗教/基督教事工/传福音]

设计：initiateagency.com

# 内容

引言 .................................................................. v

1. 探索真理的追求 ................................................. 1
2. 拥抱耶稣深刻的信息 ............................................ 3
3. 敞开心扉去邂逅 ................................................. 5
4. 与耶稣同行/培养与耶稣的亲密关系 ............................ 8
5. 相遇所带来的转变：在耶稣里揭示内心的治愈、解脱和目的 ............................................... 11
6. 传播经验:点燃转变 ............................................ 16
7. 在试炼中遇见神：一个属灵的转变之旅 ....................... 19
8. 全然顺服地敬拜神:超越娱乐的旅程 ........................... 22
9. 神在旷野中的信实 ............................................. 25
10. 神的治愈拥抱:医治与奇迹 ................................... 28
11. 神的满溢供应和充足性 ....................................... 33
12. 神的心:公义与怜悯的显现 ................................... 36
13. 神的智慧与启示 .............................................. 39
14. 在神的应许和盼望中 ......................................... 42

15. 神的恩典与救赎 ........................................... 45

16. 神在社区和团契中 ....................................... 48

17. 在危机和苦难时的神 ................................... 50

18. 试炼中的机遇 ............................................. 53

19. 相遇的姿态:谦卑 ....................................... 57

20. 遇见神对使命和服侍的呼召 ....................... 60

21. 为神圣相遇而拥抱活祭的概念 ................... 63

22. 相遇的姿态 ................................................ 66

23. 在耶稣的带领下一起度过人生旅程:福音书的启示 ....................... 69

24. 加深对耶稣的信靠: 揭示无尽的相信理由 ................... 71

25. 在充满挑战的季节相信神:诗篇 23:4 和 37:3 的教训 ............ 73

26. 培育信心:为了你和我的指路明灯,耶稣的追寻者 ............ 76

27. 结论:拥抱耶稣转化性的信息 ................... 79

28. 耶稣的转化之触:个人见证 ....................... 82

个人见证展开 ........................................................ 84

可重复的30天灵修之旅:与神/耶稣相遇并在他的话语中成长.... 139

可重复:植根于信仰30天圣经经文 ..................... 187

致谢 ...................................................................... 199

关于作者 .............................................................. 201

# 引言

在这个许多人寻求目标、指引和精神满足的世界里，耶稣基督是一个永恒而普遍的人物。这手稿作为一个谦逊的指南，邀请我们踏上一场深刻的旅程，去邂逅、体验并真正理解耶稣——这是一场有可能重塑我们存在的朝圣之旅。您是否愿意以坚定不移的信仰加入这一旅程，将基督置于您生活各个方面的核心？

诗篇147提醒我们，你是上帝思想的体现。甚至在你受孕之前，你就存在于上帝的心灵深处。你是他所设想的、精心打造的、并且深受他珍爱。你不是一个偶然的巧合；你是一个经过深思熟虑的创造物。造物主精心设计了你，将他的意图记录在他的书里，并使你得以存在于世上。作为他的杰作，你拥有不可估量的价值。

当你沉浸于神心灵的启示中，你会被深深地感动，经历医治、自由和转变。逐步地，你会发现通往真爱的道路，以及它所带来的改变生活的恩典。

"神爱世人，甚至将他的独生子赐给他们，叫一切信他的不致灭亡，反得永生。" 约翰福音 3:16

"耶稣说："我就是道路、真理、生命。若不借着我，没有人能到父那里去。"约翰福音 14:6

"盗贼来，无非要偷窃、杀害、毁坏；我来了，是要叫羊得生命，并且得的更丰盛。"约翰福音 10:10

## 一个开始我们旅程的祷告

亲爱的天父，我相信祢深深地看见、认识并爱我。祢是我最伟大的拥护者。当我开始写这本书时，我寻求祢的引导，以祢的方式看待自己并理解祢的神圣本质。请赐予我对祢的纯净视野，并加深我对祢存在的认识。帮助我与祢建立更紧密的联系，成为祢更好的朋友。

我致力于这一追求，明白即便是小小的一步也会让祢的心欢喜。我对祢的召唤坚定不移地说"是"，抛开恐惧和平庸。我渴望完整，并渴求祢的一切公义、平安和喜乐的祝福。

我顺服于祢神圣的旨意，请求祢修补、释放、充满我，并帮助我实现祢对我生命的梦想。我奉耶稣的名呈上这些请求，并提前表达我的感恩之情。阿门。

今天，当你向前迈进时，拥抱一种新的自由，这种源自于上帝无条件的爱的启示！

# 探索真理的追求

在我们广阔的世界里，人们的内心深处都存在着一种内心的不安和深切的渴望。从巍峨的山脉到深邃的山谷，跨越海洋和陆地，一条普遍的线索贯穿着我们的生活——对真理的渴望和对成就的不屈追求。

许多人踏上了这一崇高的旅程，通过各种不同的途径寻找生命的意义。有些人探索哲学和科学的深处，希望解开宇宙的奥秘。另一些人则积累财产和财富，试图用尘世的珍宝填来补他们内心的空虚。尽管如此，有些人仍然渴望在人际关系中发挥重要作用，渴望爱和被接纳来消除内心的空虚感。

尽管我们在技术方面取得了进步，但对真理的渴望依然存在。对财富的追求往往让心灵感到空虚和不满足。即使在充满爱的关系中，一种挥之不去的空虚感依然存在——这是一种无法仅仅通过人际关系来满足的无尽渴望。

在这种孜孜不倦的探索中，一个人物出现了——耶稣基督，以人的形式展现的真理，是满足的真正本质。超越了哲学家或教师，祂是生命最深切渴望的终极源泉。在圣经中，

"耶稣说："我就是道路、真理、生命。若不借着我，没有人能到父那里去。"约翰福音 14:6

祂不仅仅是一个导师；祂是通往真理和满足的唯一路径。所有其他道路都会通向失望。

在耶稣里，我们发现了真理的本质，祂以神圣的智慧为"说话（rhema）"之道，在一个充满混乱的世界中揭示了上帝的心。祂的话语划破了黑暗，照亮了通向真正生命和目标的道路。

此外，耶稣宣称自己是生命的源泉——真正满足的永恒之泉。尽管世界提供短暂的快乐，唯有在基督里我们才能找到持久的满足。唯有祂能满足我们最深的渴望，赐予我们超乎想象的平安。

当我们踏上这段旅程时，让我们放弃世界的空洞承诺，将目光定睛在耶稣身上。在祂里面，我们发现了超越理解的真理，并体验到一种超乎想象的满足。愿我们的心保持开放，我们的思想保持敞亮，踏上朝圣之路，走向那一位，祂就是道路、真理和生命，最终实现我们最深切的愿望。

## 拥抱耶稣深刻的信息

以赛亚书 55:6 劝告我们在主临近的时候寻求祂。理解耶稣生平和教导的历史背景对于探索祂的个性和遗产至关重要。这有助于我们理解祂的言行的巨大意义。耶稣不仅仅是一位智慧的教师或有魅力的领袖；祂是上帝的儿子，被差遣来揭示父神的心意并救赎一个破碎的世界。

当我们审视耶稣的一生时，我们会被祂使命的基本原则深深触动：爱、怜悯、宽恕和优先考虑他人。这对耶稣来说不是抽象的概念；它们在每一次互动中都得以体现。祂爱那些不可爱的人，对边缘化的人表现出仁慈，宽恕那些看似无法宽恕的人，以及无私地生活，启发和挑战我们。

在耶稣的教导中，祂关于天国的革命性概念尤为突出。祂谈到了一个颠覆世俗价值观的王国——一个谦卑战胜骄傲的国度，在那里，最后的人被提升到首位，并且在那里，属灵贫穷的人得到了天上的财富。这个信息违背了当时的社会规范，当今仍然对现代文化提出质疑。

在一个经常推崇权力、个人成功和自我为中心的世界中，耶稣关于谦卑、奉仕和牺牲之爱的信息仍然是激进且要求严格的，敦促我们使我们的生活与祂的教导一致。

耶稣的信息具有深刻的转化性。完全接受耶稣的革命性信息需要顺服和顺从，放下我们的欲望，每天背起我们的十字架，并坚定不移地忠诚地跟随祂。

在一个经常被冲突和自私玷污的世界中，耶稣的教导如同一缕希望之光，提供了一条通往真正满足、喜乐与平安的替代道路。

愿我们在主近的时候切实寻求祂。让我们全心全意地吸收耶稣深刻的信息，并让它改变我们。愿祂的爱、怜悯、宽恕和无私之心照亮我们的生活，在地上反映出祂的国度。

"当趁耶和华可寻找的时候寻找祂，相近的时候求告祂。"- 以赛亚书 55:6

# 敞开心扉去邂逅

敞开你的心扉迎接耶稣。要真正面对面地遇见耶稣,我们必须敞开我们的心扉。我们心灵的状态极大地影响着我们深入了解主的能力。在探索与耶稣相遇的旅程时,我们必须培养一颗敞开的心,准备好拥抱祂为我们带来的令人难以置信的奇迹。

祷告是打开我们心扉的大门,让圣灵在我们里面工作。通过祷告,我们邀请上帝探索我们内在的最深处,揭示我们的欲望、恐惧和不确定性。这让我们为与耶稣真正的相遇做好准备。

冥想和沉思——这些做法进一步增强了我们与耶稣的联系。通过抽出时间让我们的心灵平静下来,我们让上帝的声音在我们内心产生共鸣并创造了一个神圣的空间。当我们默想祂的话语并思考祂的品格时,我们的理解就会加深,我们的相遇变得更加转化性。正如诗篇 46:10 明智地说的,你们要休息，要知道我是神！

在宁静和寂静的时刻，我们发现了一个深刻的现实：上帝与我们同在，热切地渴望向那些寻求祂的人显现祂自己。

现在，让我们来探索一些鼓舞人心的故事，他们以开放的心态，以深刻的方式遇到了耶稣，从而改变了他们的生活。

撒拉：当她在对自己的使命感到困惑和迷茫的时候，通过祷告向主倾心吐意时，她与耶稣有了一次深刻的相遇。当她独自一人待在房间里时，她感觉到耶稣无可否认、触摸得到的存在——一种深刻的宁静，驱散了所有的疑虑。祂的爱笼罩着她，赋予她明确的目标和坚定不移的希望。

大卫：他背负着愧疚和羞耻的重担，当他向耶稣承认自己的罪时，他得到了宽恕和解放。

马可：他因过去的悔恨而被压得喘不过气来，通过刻意的祈祷和默想上帝的宽恕和恩典，他遇到了耶稣救赎的力量。

马太（利未）：作为一名税吏，他撇下一切跟随耶稣，经历了彻底的转变。他的故事说明了基督呼召的转化力量，提醒我们没有人是超出上帝爱和恩典触及范围的。

这些见证提醒我们，遇见耶稣并不是抽象的；而是真实的。通过祷告、反思和默想，我们为耶稣打开了一个与我们说话的渠道，并从内到外改变了我们。

培养与耶稣的联系涉及深入探究神活泼的话语。圣经不仅是古老智慧的集合，它是充满活力且有生命的。当我们阅读并默想圣经时，圣灵会让我们知道神的心意，帮助我们更深刻、更有洞察力地理解上帝的真理和品格。神的话语有能力改变我们的生活。

当我们继续我们的旅程时看看启示录 3:20：

"看哪，我站在门外叩门；若有听见我声音就开门的，我要进到他那里去，我与他、他与我一同坐席。"

保持开放的心态和心灵，因为只有与祂的同在中，你才能找到真正的满足、意义和永恒的喜乐。

# 4

## 与耶稣同行/培养与耶稣的亲密关系

大家好,当我们踏上与耶稣紧密同行的旅程时,掌握与我们的救主培养个人和亲密联系的深刻重要性至关重要。仅仅了解耶稣的存在是不够的。祂渴望我们与祂建立深刻而真挚的联系,这种联系会改变我们,让我们更接近天父的本质。

在我们忙碌的日常生活中,我们很容易忽视真正有意义的事情。我们可能会陷入宗教的例行公事或辩论中,忘记耶稣寻求的不仅仅是我们的头脑知识或仪式。祂渴望的是我们的心——我们真挚而专注的爱和奉献。

为了建立发展这种联系,我们首先必须理解信仰、信任和臣服的作用。信心为我们与耶稣的关系奠定了基础。

我们通过信心，特别是祂在十字架上的工作中，表达我们接受祂作为我们的主和救主。然而，信心不是一个瞬间，而是对祂的信心和依赖的持续航行。

相信耶稣意味着将我们的计划、愿望和意志交给祂。这意味着承认祂的道路更高，祂的思想更伟大。顺服需要谦卑和愿意放下我们的理解和控制。这是一个不断死于自我并让耶稣引导我们的过程。

实用性是我们与耶稣同行的关键。我们需要邀请祂进入我们生活的每一个角落——我们的工作、人际关系、决策，甚至平凡的日常生活。耶稣并不遥远，也不仅仅是只在周日出现。祂是我们永恒的伴侣，如果我们让祂进来，祂就随时准备引导和改变我们。

欢迎耶稣进入我们生活的一种方法是通过祷告。这不是一种单向的谈话，而是与我们的救主的亲密对话。这是与祂分享我们的喜乐、忧虑和需要。这也包括倾听，在宁静中找到祂的引导和同在。祷告使我们的心与祂的旨意保持一致，并让我们敞开心扉接受祂的改变。

沉浸在神的话语中对于培养我们与耶稣的关系至关重要。圣经不仅仅是古老的智慧；它是神活生生的话语。当我们阅读和反思时，圣灵揭示了神的心意，显明了祂的品格和目的。通过圣经，我们遇见了耶稣本人——道成肉身。这是我们找到滋养、纠正和走在正义之路的智慧的地方。

最后，与耶稣紧密同行包括积极参与信徒群体。我们不是注定孤独的旅行；我们需要基督的追随者。聚会敬拜、团契和服侍可以增强我们的信心。

在信徒团体中，我们能够切身体验到基督的爱，并成为他在这个破碎的世界中的爱和医治的工具。

亲爱的朋友们，让我们不要满足于表面的信仰或与耶稣的疏远联系。祂想为我们提供更多。祂渴望与我们并肩同行、引导并塑造我们。让我们顺服，相信祂不变的爱，并邀请祂进入我们生活的各个方面。当我们这样做时，我们会发现与我们的救主耶稣基督紧密同行而带来的喜乐、平安和满足。

# 5

## 相遇所带来的转变：在耶稣里揭示内心的治愈、解脱和目的

"凡劳苦担重担的人，可以到我这里来，我就使你们得安息。" - 马太福音 11：28

在前面的章节中，我们深入探讨了与耶稣相遇对生命改变的影响。我们探索了这样的相遇是如何带来超乎理解的希望、平安和喜乐的。现在，让我们更深入地探讨与耶稣相遇的转变之心，专注于内心的修复、自由和新的使命感。

当我们踏上信仰之旅时，我们不要低估与耶稣相遇的转变潜力。耶稣的出现本身就具有刺透我们心灵的力量，促进深刻的内在医治，将我们从束缚中解放出来，并重新点燃内心的新目标。在本章中，我们将探讨与耶稣相遇的不可思议之处，从而产生彻底的转变，并永远改变生命。

"仰望为我们信心创始成终的耶稣。祂因那摆在前面的喜乐,就轻看羞辱,忍受了十字架的苦难,便坐在神宝座的右边。" - 希伯来书 12:2

"祂医好伤心的人,裹好他们的伤处。" - 诗篇 147:3

"神啊,求祢为我造清洁的心,使我里面重新有正直的灵。" - 诗篇 51:10

我们当中有许多人内心都带着伤痕、痛苦和破碎。生活可能给我们带来了伤痕、失望或创伤,让我们支离破碎,急需医治。但要振作起来;与耶稣相遇具有修补我们支离破碎的力量。

当耶稣进入与我们相遇时,祂的爱和怜悯深入我们的灵魂。祂照顾我们的情感伤害,催化宽恕,使我们能够宽恕那些伤害过我们的人。当我们将破碎的心交托给祂时,祂就会精心修复并充满我们的心。

耶稣扮演终极医治者的角色,细心地照料我们受伤的心。当我们将痛苦交给祂时,祂会温柔地缝合我们的伤口,并用祂的医治之触摸涂抹它们。在祂的同在中,我们感到安慰、慰藉,并坚定不移地确信我们的过去并不能定义我们。祂的转变之触使灰烬中诞生了美丽,将悲伤变成了舞蹈。

与耶稣相遇的一个显著之处是祂如何治愈我们最深的伤痛，修复我们的破碎。

耶稣的爱有能力触及我们生命中最黑暗的角落，揭示我们的痛苦并赐予医治。通过这些相遇，盲眼看见，受压迫的得到自由，伤心的人得到治愈。

还记得撒拉的故事吗？她曾经承受着过去错误的重负，被罪恶感和羞愧压得喘不过气来。这些沉重的枷锁阻碍了她的前进。然而，当撒拉遇见耶稣时，耶稣的宽恕像奔腾的溪流一样倾注在她身上。在祂的同在中，她发现了一种她以前陌生的自由。祂的爱打破了束缚她的锁链，她脱胎换骨地走出来，怀着一颗更新的灵魂和一份重整的身份。

"所以天父的儿子若叫你们自由，你们就真自由了。"- 约翰福音8：36

与耶稣相遇不仅仅是关于内在的医治；它关乎真正的解脱。耶稣来是为了打破捆绑我们的枷锁，将我们从罪恶、内疚、羞耻和邪恶的魔掌中释放出来。

在与祂相遇的过程中，耶稣的真理将我们从束缚我们的谎言中释放出来。祂的恩典包容了我们的罪，赋予我们战胜的力量。从恐惧和罪恶中解脱出来，我们经历了转变，成为神的儿女，准备好充分拥抱祂的爱和目的。

通过祂的十字架牺牲，耶稣为我们的自由付出了代价。祂战胜了罪恶和死亡，引领着新的生命。在祂的同在中，我们获得了力量来克服曾经困扰我们的营垒。我们不再屈服于恐惧、罪恶或羞愧。相反，我们站立起来，有力量以正直的行为和生命荣耀上帝。

想想约翰的旅程——一个被瘾症缠身的生命。他的存在失去了控制，希望变成了遥远的记忆。然后，在一刹那的顺服中，约翰遇见了耶稣。借着祂的爱和恩典，约翰摆脱了毒瘾的魔爪。他的一生变成了与耶稣相遇的力量的活生生的见证。今天，约翰在只有耶稣赐予的自由中茁壮成长，通过与救主的相遇点燃了转变。

"我们原是祂的工作，在基督耶稣里造成的，为要叫我们行善，就是神所预备叫我们行的。"- 以弗所书 2：10

遇见耶稣会带来内心的治愈、自由和复兴的目标。在祂的同在中，迷茫消散，取而代之的是更宏大的视野。我们发现自己融入了上帝的神圣蓝图中。

耶稣揭示了祂对我们生命的目的，邀请我们加入祂的救赎工作。祂赐给我们祂的圣灵和恩赐，使我们能够在破碎的世界中产生影响的力量。这些相遇点燃了一种为人服务、分享爱和修补破碎世界的热情。

马可的故事概括了这个真理。曾经是一个追求世俗成功和物质财富的人，但马可他遇到了耶稣，永远改变了他的人生轨迹。幻象的面纱揭开了，暴露出他追求的空虚。耶稣向他揭示了一个神圣的目的，其基础是服侍、希望和与祂相遇的转化力量。接受了耶稣的呼召，永远改变了马可的生活。

"若有人在基督里，他就是新造的人，旧事已过，都变成新的了。"- 哥林多后书 5：17

生命在与耶稣相遇后发生了变化。尤其是门徒们放弃了他们尘世的生活来跟随耶稣，特别是保罗在大马士革路上的归信，这都是事实。

见证比比皆是——吸毒者得到了自由，破碎的心得到了修复，迷失者找到了出路。耶稣把愤怒变成了仁爱，把贪婪变成了慷慨，把骄傲变成了谦卑。这些故事强调了耶稣转化性的爱的影响力。

即使在今天，我们仍然见证着生命的转变。瘾君子从深渊中走出来，人际关系得到改善，绝望被喜悦所取代。这些故事提醒我们，遇见耶稣超越了宗教信仰，会带来深刻的改变。

我亲爱的读者们，永远不要低估耶稣在你们生命中的力量。祂能转变、医治和解放。当我们敞开心扉，把自己托付给祂，我们就成为祂的人，永远改变。寻求祂的同在，让自己在祂的爱、恩典和真理中成为祂的器皿。在与耶稣相遇中，生命会茁壮成长，目标会被点燃，神就会得到荣耀。

## 传播经验：点燃转变

正如马太福音 28:19-20 节所述，我们被呼召既要亲自经历，也要分享我们的主耶稣基督无尽的爱和恩典。我们与耶稣的深厚关系不仅是一种特权，也是一种责任，催促我们在全球传扬祂的名字。分享我们与耶稣的个人相遇并不是为了自我宣传；而是为了证明祂的爱能改变生命的力量的一种方式，呼应了保罗在罗马书 10:13-14 中的信息。通过我们的个人经历，其他人可能会找到与耶稣建立深刻联系的途径，因为他们见证了上帝的工作对我们生活的转化性影响。

此外，分享相遇的经历不应该仅限于特殊场合，而应该自然流露出充满对祂的爱和对他人认识祂救恩的渴望的心。我们应该抓住一切机会，向家人、朋友、同事或陌生人讲述祂的良善和恩典。

以温柔和尊重的态度进行这些对话；在被理解之前我们应该寻求理解。恩典和爱应该调和我们的言语，反映基督的品格，正如下面这节经文所鼓励的那样

"只要心里尊主基督为圣。有人问你们心中盼望的缘由，就要常做准备，以温柔、敬畏的心回答各人。" - 彼得前书 3：15

然而，分享相遇并不仅仅是一项个人任务。社区和责任在我们与耶稣的关系以及传播祂的信息中至关重要。如上所述，为了建立一个支持性的基督徒社区：

"又要彼此相顾，激发爱心，勉励行善。 你们不可停止聚会，好像那些停止惯了的人，倒要彼此劝勉；既知道那日子临近，就更当如此。" - 希伯来书 10：24-25

这段经文为我们按照耶稣的教导生活提供了力量和灵感。在一个常常对真理持敌对态度的世界中，团契成为一个鼓励的绿洲，装备我们大胆地分享我们的信仰。

活出耶稣的教导并影响世界与分享相遇是紧密相连的。仅仅谈论信仰是不够的；我们的生活必须切实地反映出耶稣。世界应该在我们身上看到祂的爱、同情和无私，而不仅仅是听到关于祂的事情。我们必须通过我们的言行展示祂的转化力量。

我们被托付了福音的好消息，我们有责任通过我们的生活大胆地宣扬它。

通过良善、服侍和牺牲的爱来彰显祂的爱，我们向世界揭示了福音的转化力量。

因此，亲爱的弟兄姐妹，让我们热切地分享与耶稣的相遇。让我们不要对让万民作门徒的使命感到厌倦或自满。大使命不仅仅是一个建议；它是一个神圣的命令。让我们借着圣灵的装备，见证耶稣基督改变生命的大能。愿我们的相遇在我们忠实分享的过程中改变这个世界。

"祂又对他们说："你们往普天下去，传福音给万民听。"-马可福音16：15

# 在试炼中遇见神:一个属灵的转变之旅

深夜里,族长雅各踏上了超越物质领域的旅程。他带着两个妻子、仆人和十一个儿子安全渡过雅博渡口,在属灵上他独自一人,准备迎接一场非凡的邂逅。这不仅仅是一场与神秘人的角力比赛,而是一场深刻的属灵斗争,将揭开雅各的本质——一场源于他对神祝福的渴望的斗争。

在夜深人静的时光里,雅各与这个神秘的天使人物进行了搏斗,坚定了他获得祝福的决心。这场艰苦的较量,不仅体现了他身体上的坚韧,也体现了他与神交往的坚定精神。黎明即将来临,在那一刻,那人下定决心,击中了雅各的臀部,让他永远跛行。尽管如此,雅各还是紧紧抓住他的神圣对手,并发誓:"除非你祝福我,否则我不会让你走。"

这个人的回应标志着雅各一生的转折点。祂赋予他以色列这个名字，意思是"他与上帝搏斗"，这次相遇带来了转变。他的胜利不是通过身体的力量，而是通过将自己的意志归降给上帝而获得的。

毗努伊勒，这个相遇的地方，对雅各来说有了新的意义。在这里，他看到了上帝的面容并活了下来。一个曾经善于狡诈欺骗的人，如今却带有这次神圣相遇的印记，彰显了神的至高无上。

在我们的旅途中，我们会遇到使我们脆弱的考验和诱惑。然而，我们可以从雅各的经历中汲取力量。他并没有因为这场斗争而退缩；相反，他紧紧抓住，坚定不移地追求上帝的祝福。

约伯记也反映了这种情感，生动地描绘了约伯对苦难的认识。约伯对理解和正义的痛苦追求使他质疑自己信仰的根基。作为回应，上帝在他的不确定之中显现了自己，温柔地提醒约伯祂无限的智慧和权柄。

约伯在神的伟大面前表现出谦卑，为恢复和更新信心铺平了道路。他将自己有限的理解交给了上帝无限的智慧，从磨难中走出来，对上帝至高无上的方式有了深刻的领悟。

在我们与神搏斗的时刻，让我们从雅各和约伯那里学习智慧。通过拥抱斗争，坚持不懈地寻求上帝的恩惠，并服从祂的智慧，我们就能使自己经历转变。

尽管我们的考验留下了伤疤，明显且跛行，但它们也承载着神圣祝福和成长的应许。

尽管我们的人生旅程可能充满考验和磨难，但让我们记住，在挣扎中与上帝的相遇是改变的邀请。正如雅各和约伯从他们的试炼中走出来一样，我们也能够胜利地走出来。这场斗争并非徒劳无功；它是我们属灵转变的催化剂。

# 全然顺服地敬拜神:超越娱乐的旅程

在撒母耳记下 6:12-23 中,我们见证了全然降服和敬拜的行为如何引领人与上帝的深刻相遇。在这段故事中,我们看到大卫在上帝的约柜巡游整个城市时,以欢乐和敬畏之情跳舞。这不是一场普通的舞蹈;它是一场毫无保留的降服之舞。

随着约柜的每一步回响,大卫停下来献上祭物——一头公牛和一头肥牛犊。他穿着简单的亚麻布以弗得,他心灵的奉献是坚定不移的,他的敬拜是奢华的。随着以色列拥抱全能上帝的同在,回荡的欢呼声和号角声凸显了欢腾的气氛。

在这热情洋溢之际,扫罗的女儿米甲对大卫的兴奋投以轻蔑的目光。对他毫不掩饰的敬拜的蔑视涌上了她的心头。然而,大卫的回应却充满了永恒的智慧。他宣告:"我必在耶和华面前欢跃。

我在这事上必更没尊严。"大卫认识到真正的敬拜超越了人的意见，在神面前的谦卑是尊荣的巅峰。

使徒行传 16:16-34 揭示了在逆境中通过敬拜与神相遇的另一种形式。保罗和西拉饱受折磨，身陷囹圄，突然开始祈祷和唱诗。投降的旋律在他们的锁链中回响，尽管情况严峻，他们心灵的歌声在锁链间回荡，他们的灵魂在困境中飞翔。随后发生的地震打破了他们的锁链，这证明了敬拜在面对苦难时具有转化的力量。

大卫的舞蹈以及保罗和西拉的赞美共同阐明了敬拜作为一种降服的姿态——一种让我们完全向上帝敞开心扉的渠道。在敬拜的行为中，我们抛开自我意识、骄傲和社会的判断。我们响应大卫的决心，拥抱通向神圣荣耀的不庄重的道路。

敬拜的力量不受特定地点、时间或情境的限制——它渗透到生活的方方面面。通过放下控制，拥抱脆弱和谦卑，我们邀请上帝的转化力量进入我们的生活。大卫的舞蹈和保罗与西拉的赞美都象征着敬拜既是对上帝威严的回应，也是深刻转化的推动者。

愿我们像他们一样，在苦难中活生生地见证敬拜的力量。尽管担子很重，但愿我们的心都能奏响向天堂降服的旋律。当我们虔诚地摇摆和歌唱时，愿上帝的同在回响，打破锁链，释放被捆绑的人。让我们铭记在心，真正的敬拜与真正的降服紧密结合在一起，召唤上帝改变我们的生活以及我们周围人的生活。

因此，让我们以大卫的勇气和保罗与西拉的信心为支撑，让我们同时拥抱投降和敬拜的力量与行为。通过我们生活的节奏，让我们谱写一曲交响乐，欢迎上帝的临在,重塑我们和我们的境遇。在追求与神相遇的过程中，愿我们的敬拜成为展现神转化之杰作的画布——一段引领我们走向神圣、我们天父的旅程！

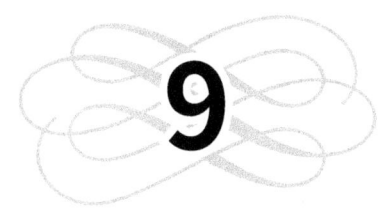

## 神在旷野中的信实

出埃及记第 19 章至第 20 章的经文揭示了以色列人穿越旷野时的一个决定性时刻。神不变的信实引导他们来到西奈山的圣地，在那里祂以深刻的方式显现出来。通过这次相遇，神不仅讲述了祂从埃及的拯救，还展示了祂的力量和怜悯。以色列人敬畏祂的圣洁，见证了祂的主权，并与祂建立了立约关系。

在这次关键的互动中，神将十诫赐给以色列人。这些诫命不是为了限制，而是为了提供正义生活的框架，反映了神自己的本质。这些律法植根于祂的信实，证明了祂希望以色列人与祂以及彼此和谐相处的愿望。通过这次相遇，神揭示了祂的心意——将祂的选民塑造成一个圣洁的国家，一个祭司的国度。

同样，马太福音 4:1-11 中记载的耶稣在旷野所受的试探，深刻地证明了祂在试探中坚定不移地致力于天父的旨意。

禁食四十天后，耶稣面对撒但，撒但的目的是要转移祂的神圣使命。耶稣的身体需要、对权力的追求以及对认可的渴望都受到了诱惑。然而耶稣立场坚定，以神的话语和圣灵的力量为自己的支柱。

在旷野中，耶稣表现出对神的信实的坚定信任。拒绝世俗的诱惑，选择尊重和顺服上帝。祂与试探的对抗突显了祂坚定不移地致力于实现天父的旨意，战胜敌人的阴谋。

以色列人在西奈山的遭遇和耶稣在旷野的试探都揭示了神的信实和我们相应的反应。神的目的是与祂的子民建立圣约关系，引导他们走向公义和圣洁。正如以色列人接受了遵守诫命并和被分别为圣的呼召一样，我们也被召唤去坚守神的指示，并与祂保持一致地生活。

耶稣的榜样强调了在试探中将自己锚定在神的话语和圣灵的力量上的价值。它提醒我们，在困境中，神的信实仍然坚定不移。祂的力量使我们能够抵抗罪的诱惑，并坚定地致力于祂的旨意。这些遭遇证实了神历代以来的持久信实，从不偏离祂的应许。

亲爱的朋友们，愿我们在旷野中与神的相遇增强我们对神的信实的信心。愿我们将它们看作是祂的爱和指导的象征。让我们紧守祂的诫命，接受祂话语的照亮，成为每一步的指路明灯：

"祢的话是我脚前的灯,是我路上的光。"- 诗篇 119:105

在生命的旷野季节,愿我们亲近神,确信祂与我们同行——以坚定不移的爱忠实地引导和支持我们:

"你要专心仰赖耶和华,不可倚靠自己的聪明,在你一切所行的事上都要认定祂,祂必指引你的路。" 箴言 3: 5-6

# 10

## 神的治愈拥抱:医治与奇迹

在我们人类破碎的深处,产生了一种与生俱来的渴望——渴望对医治的安慰和奇迹的惊叹。我们发现自己伸手,渴望神的触摸来恢复我们疲惫的灵魂。正是在这些时刻,我们的主耶稣基督做出了回应,祂无限的同情心和温柔回应了我们发自内心的求助呼声。

在这一章中,让我们探索耶稣与那些渴望祂医治的人之间的两次深刻相遇。这些相遇将揭示信心的力量和我们救主的奇迹。

我们的第一次旅程将我们带到马太福音 9:1-8,并在马可福音 2:1-12 中提到;这是在迦百农的一个简朴住所,耶稣在那里向人们讲道。在热切的人群中,有一个瘫痪的人,由四个朋友抬着,他们怀有坚定的决心,要把他们的同伴带到医治者面前。

当我们走近耶稣讲话的房子时，里面挤满了围观的人。然而，这四个人在面对挫折时，不肯屈服于任何阻碍。他们表现出足智多谋的决心，将这位瘫痪的朋友抬到屋顶上，拆掉屋顶，然后将他降到耶稣的面前。

你能感受到现场的严肃性吗？瘫子躺在耶稣面前，他的同伴低头凝视，希望悬浮在空气中。耶稣在祂的凝视中，不仅看到了这个人四肢的瘫痪，还看到了束缚他心灵的错综复杂的精神和情感痛苦。

在那令人心酸的时刻，耶稣说出了贯穿时空的话语："孩子，你的罪被赦免了。"祂声音中的温柔触动了瘫子的灵魂，直达他存在的核心。除了身体疾病的束缚之外，耶稣还看出了一种更深层次的渴望——与神和解的需要。

然而，在这场神圣的交流中，与会的宗教领袖急忙判断并挑战耶稣赦免的权威。然而，耶稣以祂神圣的智慧回应了他们的挑战。耶稣回答说："'你的罪赦了'和'起来，拿起你的褥子走吧'哪个更容易呢？"

为了强调祂的权柄和在祂里面涌动的能力，耶稣转向瘫子并宣告："我吩咐你起来，拿起你的被子，回家去吧。"刹那间，新获得的力量流过那人的四肢，让他站了起来。他站了起来，手里拿着那张曾经囚禁他的床。众人见证了一个超出他们最疯狂期望的奇迹。

这次相遇展示了一个由信仰、宽恕和身体复原的线索编织而成的画卷。那四个人在逆境中展现了坚定不移的信心，克服了任何阻碍他们来到耶稣面前的障碍。而耶稣则以怜悯回应，以一次崇高的举动满足了人类的精神和身体需求。

当我们现在把焦点转向约翰福音 11 章中拉撒路的故事时，我们见证了耶稣对死亡本身的掌控。在耶稣和祂的门徒曾多次访问的伯大尼村，祂的好朋友拉撒路病逝了。拉撒路的姐妹马大和马利亚派人给耶稣送去消息，急切地求助于祂。尽管他们的恳求，耶稣故意在收到他们的消息后等待了两天。尽管这让玛大和玛利亚都感到困惑，但这一延迟是更大画布上的独特的一笔，它将揭示祂的荣耀和丰富的爱。

耶稣抵达伯大尼时，拉撒路已经在坟墓里安息了四天。马大满怀悲痛，冒险去见耶稣。在悲伤之中，她温柔地表达了她的信念，确认道：

"主啊，如果祢在这里的话，我兄弟就不会死了。但即使是现在，我也知道，无论祢向神求什么，神都会赐给祢。"

尽管马大可能因耶稣的延迟而感到痛苦，但她对祂强烈的信心是显而易见的。她相信耶稣有能力带来医治和恢复，即使是在被死亡的幽灵笼罩时。作为回应，耶稣被她的信心所感动，也被她的悲伤所触动，宣告道：

耶稣对她说："复活在我，生命也在我。信我的人，虽然死了，也必复活；凡活着信我的人必永远不死。你信这话吗？"- 约翰福音 11:25-26

舞台随后转移，将灯光投射到拉撒路的坟墓上。在这里，耶稣被笼罩在他周围的悲伤漩涡所感动，与哀悼的人们一同流泪。祂的命令久久回荡，祂大声喊道："拉撒路，出来！"在这个超然的时刻，当拉撒路从令人窒息的裹尸布中解脱出来时，生命的力量战胜了死亡的束缚。

拉撒路的复活揭示了一个深刻的真理：耶稣不仅是生命的赐予者，也是死亡本身的征服者。即使在我们最深的痛苦和失落的深渊中，祂也召唤我们将我们的信心根植在祂身上。我们被邀请去掌握这个真理，即祂拥有带来复活和生命的权柄。

亲爱的弟兄姐妹们，当我们沉思耶稣与那些渴望得到医治的人之间的相遇时，让我们怀着一颗充满信心的谦卑之心来亲近神。在反思中，让我们铭记祂无限的怜悯和温柔，认识到祂注视着我们的破碎，并随时准备在我们所处在的地方与我们会面。

当我们热切地寻求神的医治之触摸和奇迹时，让我们效仿瘫痪者朋友们的决心——坚持不懈、毫不动摇、并在信仰中热切根植。在悲伤和失落的阴影中，让我们在马大的话中寻求庇护，这是一个在时空中回响的宣言，确认我们对耶稣作为复活和生命的信心。

愿神医治之触动和充满活力的神迹事工继续塑造和改变我们的生活，孕育出散发着祂的荣耀和怜悯的见证。让我们敞开心扉接近祂，准备好迎接我们救主那深刻的、改变生命的爱。

# 神的满溢供应和充足性

在圣经中,我们可以找到一则关于耶稣向一大群希望寻求精神和身体滋养的会众讲话的故事,正如马太福音 14:13-21 中所述。这一事件阐明了神奇妙的供应,呼应了以下的应许:

"我的神必照祂荣耀的丰富,在基督耶稣里使你们一切所需用的都充足。"- 腓立比书 4:19

在旷野中,这群会众被耶稣的教导和祂迷人的存在所吸引而聚集在一起。他们的饥渴不仅仅是对祂教导的渴望,还包括对属灵满足的渴望。十二个门徒开始驱散群众,因为群众饿了,而他们无法供应食物。然后耶稣,他们仁慈的救主,说出了挑战门徒的话:

耶稣说:"不用他们去,你们给他们吃吧!"- 马太福音 14:16

门徒们措手不及，他们的怀疑源于他们的资源有限——只有五个饼和两条鱼。然而，伟大的供应者耶稣超越了人类的限制。在祂的手中，微薄的供品变成了丰盛的洪流。祂将饼和鱼举向天堂，祈求祝福，并分给了众人。令人惊奇的是，所有人都得到了饱足，还有十二篮子的剩余。

这个奇迹证明了神无限的供应，将我们的不足转化为极大的富足。在我们的生活中，当资源显得稀缺时，我们必须记住，我们的神是一位慷慨丰富的神。

现在，让我们回顾列王纪上 17：8-16，在以利亚的时代，干旱席卷了这片土地。撒勒法的一位寡妇站在匮乏和绝望的十字路口，手里只有一把面粉和一点油。

以利亚对食物的卑微要求挑战了她严峻的处境。他的话点燃了希望：

"以利亚对她说："不要惧怕。可以照你所说的去做吧，只要先为我做一个小饼拿来给我，然后为你和你的儿子做饼。"- 列王纪上 17：13

尽管这些指示违背了理性，寡妇的信心却超越了逻辑。凭着信心，她听从了先知的话。值得注意的是，面粉罐和油瓶成了源源不断的食物源泉，直到雨水解除了土地的干渴。

在这次相遇中，我们见证了神在匮乏中的信实和供应。寡妇将她微薄的供物献上，开启了神圣的丰盛。她的服从为超自然的干预铺平了道路。

今天，我们可能面临生活各个方面的匮乏——财务、情感或物质资源。然而，让我们不要绝望，因为我们不变的上帝乐于供应祂的孩子们，即使是在匮乏的阴影下。我们的顺从和降服打开了通往祂神奇供应的大门。

当我们反思这些相遇时，让我们的信心被点燃。怀着坚定不移的信心来到天父面前，知道即使桌子看起来空无一物，祂也能供应。我们的神体现了丰富，祂的供应超越了限制。相信祂，倚靠祂的同在，见证祂神奇的供应在你生活的各个方面展开。

# 神的心:公义与怜悯的显现

亲爱的朋友们，当我们深入探索上帝话语的织锦时，让我们的心门敞开，迎接祂公义的回响和祂怜悯的温柔拥抱。我们的救主耶稣基督将这些神圣的属性铭刻在祂地上事工的将这些神性的属性铭刻在他尘世事工的织物之中。现在让我们观察另外两次相遇，它们显示了神的公义之心以及祂永不止息的怜悯之源。

好撒玛利亚人，路加福音 10:25-37；在《路加福音》中，我们得知耶稣和一位律法师之间的对话，这位律法师是一位真理的追求者，旨在测试教师智慧的深度。律法师恳切地问道："夫子，我该怎么做才能承受永生呢？"耶稣是无限智慧的源泉，祂以诫命的两大支柱来回答：全心全意地爱上帝，以及爱邻舍如爱自己。

然而，律法师出于为自己辩护的愿望，进一步探究：

"谁是我的邻舍呢？" 于是，耶稣讲述了好撒玛利亚人的故事——这个故事消除了文化分歧，并展示了真正的同情心意味着什么。这个寓言讲述了一个旅行者被殴打并半死不活地留在路边的故事。一位祭司和一位利未人，宗教严谨的先锋队，从旁边经过，没有丝毫同情地避开这位旅行者。然而，历史上被以色列人蔑视的撒玛利亚人却挺身而出，怜悯旅行者的痛苦和不幸。他包扎受伤的人并抬着他，精心照料旅行者，使他康复。

故事结束后，耶稣问律法师："你认为这三个人中，哪一个是落入强盗手中的那个人的邻居呢？" 律法师被这个比喻的真理所感动，回答说："是怜悯他的那个人。"对此，耶稣回答说："你去照样行吧。"

好撒玛利亚人召唤我们超越文化、种族和阶级的界限。这是一个邀请，让我们过一种充满同情心、没有偏见的生活。它恳求我们成为正义的传递者并为被压迫者发声。当我们反映救主的心时，愿我们时刻铭记这个呼唤。

当我们把目光转向另一个故事时，《患血漏的女人》，路加福音 8:43-48；一段充满信心、治愈和同情的篇章。一个女人遭受了十二年的折磨，不断的出血，使她在情感上感到疲惫并丧失了希望。医疗大厅的走廊并不能提供任何安慰。然而，她内心点燃了信心的火花——相信即使触摸耶稣的衣服也能点燃她痊愈的火焰。

在熙攘的人群中，这位妇人奋力前行。她努力挤过人群，以触摸到耶稣袍子的边缘。刹那间，她的疾病屈服于祂的能力，她的出血停止了。

一股认知的涟漪从祂那里流淌出来，祂问道："谁摸了我？"这位妇人战战兢兢地在祂面前鞠躬，分享了她的行动和她的故事。

耶稣充满怜悯和温柔地回答说："女儿，你的信救了你；安心地走吧。"在那神圣的时刻，耶稣不仅播下了身体痊愈的种子，还赐给她恢复尊严的王冠——全能者所珍视的女儿。

这次相遇在耶稣的心中激起涟漪，祂永远愿意将祂的医治之手伸向被社会抛弃的人身上。这是一个深刻的教训，祂透过我们戴着的面具窥视我们，关注并满足我们最深的渴望。耶稣不仅渴望恢复我们身体的健康，也渴望恢复我们在生活中与祂的属灵联系。

弟兄姐妹们，作为基督的朝圣者，这些相遇在我们的灵魂中铭刻了它们的智慧。我们被呼召成为对社会边缘人群的同情催化剂。让我们像耶稣一样，成为正义的工具和怜悯的源泉。愿我们的生活回应祂的爱——为这个被破碎所困扰的世界带来治愈、更新和希望。

在宁静的祈祷中，让我们大声说："天父，请解开我们的视野，去察觉我们周围的需要。坚固我们的心灵，使之成为怜悯之器和正义之使者。教导我们像祢一样去爱——拥抱破碎的人，治愈受伤的人，并提扶持缘化的人。愿我们生命的织锦反映出祢的怜悯和恩典。奉耶稣的名，我们祷告。阿门。"

# 13

## 神的智慧与启示

在基督里亲爱的弟兄姐妹,今天我们踏上一段转化性的旅程,探索各种不同的遭遇,这些遭遇照亮了神在祂子民生活中的智慧和启示。在圣经中,有两个非凡的故事活生生地证明了与神相遇的力量。现在让我们让神的话语进入我们的内心,引导我们自己的旅程。

我们的第一次相遇将我们引向充满智慧的所罗门王。《列王纪 上》3:5-14 记载,所罗门的梦想在我们面前实现了——在这个梦中,全能者亲自发出了非凡的邀请:

"你愿我赐你什么,你可以求。"- 列王纪上 3:5

何等非凡的提议!所罗门深知自己的局限和责任的沉重,因此以谦卑的心和荣耀神的强烈愿望来回应。

所罗门的祈求引起了深刻的共鸣——他祈求智慧来公正地治理神的子民并辨别是非,如

"所以求祢赐我智慧，可以判断祢的民，能辨别是非，不然谁能判断这众多的民呢？"- 列王纪上 3:9

这是多么深刻的请求啊！它揭示了一颗渴望以正义领导、忠心事奉主的心。这个恳求在主眼中蒙恩，因为它反映出一颗与神旨意一致的心。正如列王记上 3:10-14 所提到的，神不仅赐给所罗门他所寻求的智慧，而且还赐给他财富、荣誉和长寿。

所罗门与神的这次相遇，具有寻求和珍惜神圣智慧的意义。所罗门的智慧在各个国家产生了反响，吸引了远方的国王和王后来学习他的见解。他的统治成为与上帝相遇和拥抱祂的神圣智慧之力的活证。

现在，让我们将目光转向第二次相遇——埃塞俄比亚的太监和腓利的相遇。让我们回到《使徒行传》8:26-39，那里我们遇到了一个虔诚的旅行者，他前往耶路撒冷敬拜。在回程时，这位太监发现自己全神贯注于《以赛亚书》，渴望得到智慧。在圣灵的引导下，腓利走近了太监的战车。

腓利顺从圣灵的引导，开始在太监面前分享圣经，深入探讨《使徒行传》8:32-35中有关以赛亚对耶稣的预言。通过神的启示，太监的悟性被点燃了。

他承认耶稣是世界的救世主和期待已久的弥赛亚。他怀着一颗充满信心的心祈求受洗，腓利为他施洗，作为他在信徒中新地位的标志，这一点见《使徒行传》8 章 36-38 节。

这次相遇强调了神圣启示在理解圣经的复杂性方面具有不可替代的作用。通过圣灵的引导和腓利的教导，太监的眼睛被揭开了，看到了神话语中的真理。它放大了与神的智慧和启示相遇所带来的转变——这种相遇会产生属灵的洞察力和热切的信心。

当我们深思这些相遇时，让我们不要袖手旁观；相反，让我们成为积极的参与者。让我们渴求神的智慧，效仿所罗门的热情。愿我们的心与祂的声音共鸣，在生活的各个方面寻求祂的指导。当我们研读圣经时，愿我们怀着敬畏的心这样做，承认我们的理解是通过神圣的启示而得到启发的。

亲爱的朋友们，让我们效法所罗门的谦卑，承认我们需要神的智慧。让我们响应太监对理解的追求，认识到我们是通过神的话语的教导才得到启示的。愿我们抵制对圣经表面肤浅的理解，并深入其中，让神的智慧和启示改变我们的心思意念。

愿所罗门和埃塞俄比亚太监的故事如同指路明灯，照亮我们寻求神的智慧和启示的旅程。通过与祂相遇，我们发掘出真正的理解、引导以及点燃我们生命的转化能量。

愿主在你追求祂的智慧和启示的独特信仰之旅中大大祝福你。阿门。

# 14

## 在神的应许和盼望中

在这一章中,我们将深入探讨两次深刻的圣经相遇,它们阐明了神应许的持久本质以及它们激发的光辉希望。我们的旅程始于《创世记》15:1-6 中亚伯拉罕的故事和对后裔的应许。然后我们前往以马忤斯路上发生的非凡事件,在那里耶稣向门徒显明了祂的复活,重新点燃了他们内心的希望之火,见《路加福音》24:13-35。

亚伯拉罕和后裔的应许

亚伯拉罕的一生是对神忠诚不移地实现应许的活见证。尽管面临考验和障碍,亚伯拉罕仍坚韧地坚持神赐予他生命的应许。在《创世记》15:1-6中,亚伯拉罕和神有一次感人的对话,期间神确认了他们之间的承诺,并应许亚伯拉罕的后裔将繁增多如天上的繁星。

这次相遇象征着一个基本事实:即使在困境中,我们也能依附于神坚定不移的信实。尽管亚伯拉罕年事已高,撒拉也不能生育，但他坚定的信心却成为我们的榜样。他对神应许的坚定信任为我们自己的信仰之旅奠定了基础。

亚伯拉罕的故事鼓励我们明白神的应许超越环境和人类的限制。它们扎根于祂不变的信实和无尽的能力。亚伯拉罕坚定的信心告诉我们，即使神的应许的实现看似遥远，我们仍可以凭着信心行事，相信祂完美的时机。

以马忤斯路上的相遇

耶稣与灰心丧气的门徒在以马忤斯路上的相遇，揭示了一个关于神圣之爱、救赎和源自基督复活带来的光明希望的故事。耶稣被钉十字架的后果让门徒们陷入绝望之中。他们的希望破灭了，没有意识到发生了令人震惊的事件——他们心爱的救赎主的复活。

当他们前往以马忤斯时，耶稣假扮成与他们同行的人。通过交谈，祂揭示了圣经的面纱，揭示了神计划的宏伟织锦。在擘饼的时刻，他们的眼睛睁开了，看到了在他们中间复活的基督，点燃了他们心中希望的火焰。

这次相遇展示了上帝对祂应许的信实的旋律。它就像一首交响乐，即使在绝望和不确定的深渊中也能听到。它宣告，在混乱的时刻，耶稣举着希望的火炬与我们同行。祂的复活战胜了罪恶和死亡，为我们提供了至高无上的希望——永生以及与神和好的希望。

正如耶稣向以马忤斯的门徒显现一样，今天祂也继续向我们显现祂的存在。当我们遇到复活的基督时，我们的心就会发生转变，我们的希望就找到了锚点。这次相遇强化了这一点：尽管生活充满动荡的考验，我们的神仍然得胜，在祂身上，我们发现了不可动摇的希望。

当我们阐述亚伯拉罕和以马忤斯旅行者的故事时，我们见证了神应许的坚韧和它们带来的光明希望。像亚伯拉罕一样，我们被呼召培养坚定不移的信心，相信神在面对挑战时会实现祂的应许。以马忤斯的相遇提醒我们，耶稣是我们希望的源泉，祂的复活照亮了我们通往永恒的道路。

在我们个人的信心之旅中，愿我们牢牢抓住神应许的锚，从祂坚定不移的爱和信实中汲取滋养。让我们从亚伯拉罕和以马忤斯门徒的榜样中找到安慰——他们是紧紧依附于神应许的灯塔，在逆境中沐浴在祂的转化力量中。在神身上，我们发现了所有应许的实现以及我们生命中光辉希望的最终源泉。

# 15

## 神的恩典与救赎

在这一章中，让我们对两次感人的遭遇进行深刻的探索，它们阐明了神恩典和救赎的深度。通过《路加福音》19:1-10耶稣与撒该相遇的镜头，以及《约翰福音》8:1-11捕捉到耶稣与淫妇相遇的叙述，我们揭示了与耶稣相遇和拥抱祂无尽恩典的转化力量。

《路加福音》19:1-10让我们面对面地看到了撒该，他是一位税吏，由于他的腐败行为和效忠罗马当局而被社会所疏远。然而，尽管他有缺点，撒该渴望见到耶稣。他爬上了一棵桑树，把自己的位置摆好，以便能瞥见路过的救主。

在神圣的恩典中，耶稣认识到了撒该心中的真诚渴望。

"耶稣到了那里，抬头一看，对他说："撒该，快下来！今天我必住在你家里。"-路加福音 19:5

这不是偶然；这是一场由恩典的纽带编织而成的神圣约会。撒该的反应非常引人注目。他充满喜悦和悔改，宣告：

"撒该站着对主说："主啊，我把所有的一半给穷人，我若讹诈了谁，就还他四倍。"- 路加福音 19: 8

撒该因与耶稣的相遇而改变，并受到启发，要做出补偿并使自己的生活符合神的旨意。

撒该的故事强调了一个永恒的真理：神的恩典和救赎延伸到生命的每一个角落。没有人是超出祂爱的触及范围之外的。耶稣来是为了寻找失丧的人，而撒该的相遇突显了祂宽恕的无限维度。

《约翰福音》8:1-11 揭示了神恩典和救赎的另一个例证，即犯奸淫时被抓的女人。宗教当局把一名陷入通奸的妇人拖到耶稣面前，试图在摩西律法的法理网中挑战祂。

耶稣，智慧和同情的化身，回应道：

"他们还是不住地问祂，耶稣就直起腰来，对他们说："你们中间谁是没有罪的，谁就可以先拿石头打她。"- 约翰福音 8: 7

一个接一个，控告者散去，他们自己的缺陷被暴露无遗。当单独和那女人在一起时，耶稣问道：

"妇人，那些人在哪里呢？没有人定你的罪吗？"她的回答是："主啊，没有。"就在那一刻，耶稣宣告说："我也不定你的罪。去吧，从此不要再犯罪了！"
约翰福音8:10-11

这次相遇集中体现了耶稣宽恕的恩典和赐予我们崭新开始的能力。

那个行淫的女人被耶稣的怜悯所包围，她感到震惊。她没有受到谴责，而是得到了赦免和重新开始的召唤。这次相遇生动地展示了与耶稣的恩典的相遇，提供了救赎的转化性礼物以及一个重新转向神设计的生活。

亲爱的朋友们，在这一章中，我们踏上了一场引人入胜的旅程——一个双重相遇，这两件事将神的恩典和救赎置于聚光灯下。耶稣和撒该的邂逅描绘了一个转变的过程，就像税吏沐浴在宽恕和爱的水中一样。淫妇的故事以类似的方式展示了耶稣恩典的深度，将道德审判引向复兴之路。

这些真实的故事交织在人类生存的结构中，展示了上帝恩典的无限影响力。它们召唤我们以开放的心接近耶稣，因为祂的恩典是打破一切鸿沟的转化力量，祂的救赎是引导我们回归完整的指南针。在这些故事中，我们发现的不仅仅是轶事，而是神无限的爱和我们走向更新的旅程的生动写照。

# 16

## 神在社区和团契中

在这一章中,通过社区和团契与神相遇,它谈到了一种强大且转化性的经历。让我们看看《使徒行传》2:42-47,了解早期教会对这一概念的全心全意的接受。他们热衷于使徒的教义、团契、擘饼和祈祷,形成了一个团结,并延伸到照顾彼此的需要。他们通过真诚的爱和无私,见证了神在他们中间所做的深刻工作。

同样,《罗马书》1:8-15 讲述了保罗与罗马信徒的相遇。除了属灵的恩赐之外,他还渴望拜访他们,互相鼓励。这意味着在以神为中心的社区中存在相互造就的潜力——这证明了共同信仰的力量。

正如《箴言》第 4 章所阐明的,智慧是此类社区的基石。追求理解并拥抱神圣真理可以加强联系并培养团结。智慧引导我们将传统与永恒的圣经真理相协调,确保实践荣耀神并拉近我们与祂的距离。

"智慧为首,所以要得智慧,在你一切所得之内必得聪明。"- 箴言 4:7

在共同养育中,提升孩子的水平至关重要。耶稣的话语:

耶稣说:"让小孩子到我这里来,不要禁止他们,因为在天国的正是这样的人。"- 马太福音 19:14

强调整合和培养年轻信徒的重要性。通过投资他们的属灵成长并培养一个支持性的环境,我们为他们铺平了通往神的爱、恩典和真理的道路。

最后,当我们参与社区和团契时,让神的至高无上占上风。寻求祂的引导,与祂的旨意保持一致,并通过祂的话语来塑造我们的信仰是我们的使命。以祂的真理为基础,我们营造了一个环境,让与神相遇成为每个灵魂和信徒集体的切实现实。

愿我们在追求上帝的智慧、赋予儿童权力、使传统与真理保持一致以及对祂终极话语的不懈追求中,坚持拥抱社区和团契的力量。通过这些实践,我们将以一种深刻转化的方式与神相遇——无论是个人还是作为一个心爱的集体。

## 在危机和苦难时的神

亲爱的弟兄姐妹们,今天我们深入探讨圣经的深处,探索在危机和苦难时期忠心的灵魂与全能的神之间的相遇。这一章揭示了两个令人瞩目的故事:沙得拉、米煞和亚伯尼歌在火炉中的传奇故事,以及耶稣在客西马尼园与神深刻的交通。

让我们看一下《但以理书》,它讲述了三个勇敢的希伯来人被推入可怕的考验——烈火熔炉的震撼故事。沙得拉、米煞、亚伯尼歌面临着一个改变人生的选择:是在金色偶像面前下拜,还是坚定地效忠独一的真神。

尽管面临巨大的压力,这些忠诚的仆人仍然坚定不移。他们认识到,在苦难中遇见神远胜过尘世的舒适。他们的回应久久在时间中回响:

"即便如此,我们所侍奉的神能将我们从烈火的窑中救出来。王啊,他也必救我们脱离你的手。 即或不然,

王啊，你当知道：我们决不侍奉你的神，也不敬拜你所立的金像！"- 但以理书 3：17-18

在灼热的火焰中，一场神圣的邂逅展开了。沙得拉、米煞和亚伯尼歌并没有被吞噬，而是看到神就在他们身边。他们毫发无损地出现，他们的信心得到加强，他们对神之威力的见证也被放大。

我们在《马太福音》中读到耶稣在客西马尼园与神密切情感交流的经历。当耶稣被钉在十字架上的前一天晚上，祂在花园里找到避难所并向天父敞开心扉时，就发生了这一感人的场景。他真诚地恳求，

"我父啊！倘若可行，求你叫这杯离开我！然而，不要照我的意思，只要照你的意思。"- 马太福音 26：39

知道他很快就会经历痛苦。

在花园的宁静中，耶稣完全臣服于天父的计划，揭示了祂对人类之爱的深度。尽管痛苦和死亡迫在眉睫，耶稣还是选择了顺服和服从。

在这次相遇中，我们领悟了在危机中遇见神的本质。耶稣在与天父的交流中找到了平安、力量和指引。祂的降服，献上自己，为信徒树立了榜样——即使在最严酷的试炼中也要相信神的主权。

当我们反思沙得拉、米煞和亚伯尼歌在火炉中的经历以及耶稣在客西马尼园中的经历时，我们面对的是在试炼中标志着与神真实相遇的坚定信心和对神旨意的投降。这些记载敦促我们寻求祂的存在，相信祂的拯救，并将我们的生命完全献上归于祂的旨意。

亲爱的朋友们，愿这些关于信心和相遇的故事使我们更加坚定。在最猛烈的大火和最黑暗的山谷中，请记住——神与我们同在。祂是我们的避难所、力量和引导。愿我们像沙得拉、米煞和亚伯尼歌，以及我们的救主耶稣一样，在试炼中遇见神，在祂的面前找到安慰、勇气和坚定的信心。

愿我们主耶稣基督的恩典与平安永远伴随着你。

## 试炼中的机遇

亲爱的兄弟姐妹们，让我们不要低估试炼的重要性，正如《雅各书》第一章提醒我们的那样：

"我的弟兄们，你们落在百般试炼中，都要以为大喜乐。"- 雅各书 1：2

根据主的教导，这些挑战为个人成长和发展提供了宝贵的机会。它们充当揭示我们真正潜力和能力的催化剂。即使出现疑虑和不安，神也会认识到我们的能力，并意图让我们面对试炼，揭示我们的韧性和生活困难的可控性。

避免我们的恐惧会导致生活充满不确定性和不安。然而，当我们直面焦虑并坚持度过困难时期时，我们不仅克服了个人障碍，还能够获得勇气来激励和引导其他面临类似挑战的人。

我们注定要成为领袖和教师，完成上帝指定的目标，就像大卫的胜利如何带领他成为王一样，打开了其他道路无法打开的大门。正如《箴言》3 章所建议的，相信神的计划、认识到祂正在做的善事以及抓住祂提供的机会是至关重要的：

"你要专心仰赖耶和华，不可倚靠自己的聪明，在你一切所行的事上都要认定祂，祂必指引你的路。" - 箴言 3：5-6

即使其他人质疑我们的存在和目的，继续前进至关重要。如果我们迷失，神会引导我们，因此听从祂的劝告并跟随祂的带领至关重要。我们此时此刻是为了一个神圣的目的，随着时间的推移，我们所迈出的每一步的意义都会变得清晰。选择与神的指引保持一致至关重要，因为祂有计划在未来的月份里加速我们的进展。

主的教导强调，试炼并非随意的；它们提供了成长、成熟和属灵发展的机会。《罗马书》第5章强化了这个观念：

"不但如此，就是在患难中也是欢欢喜喜的。因为知道患难生忍耐，忍耐生老练，老练生盼望。" - 罗马书 5：3-4

无论挑战的根源是什么，无论是我们自己造成的、外部因素强加的还是生活中自然的一部分，我们的反应最终决定了它们对我们生活的影响。当面对考验时，请记住神的恩典随时可得。通过相信祂并接受祂的恩典，我们可以坚韧地应对挑战：

"我的恩典够你用的，因为我的能力是在人的软弱上显得完全。"- 哥林多后书 12：9

使徒保罗将试炼视为依靠神的力量的机会，让基督的品格在我们里面发展，带来耐心、经验和希望。

在知道神不允许我们面对任何过于难以处理的事情时，请在这个安慰中找到慰藉，同时明白祂最终能够从任何情况中带来好处：

"我们晓得万事都互相效力，叫爱神的人得益处，就是按他旨意被召的人。"- 罗马书 8：28

尽管我们可能并不总能理解试炼背后的目的，但我们可以相信神策划一切都是为了我们的最终利益。因此，在困难的情况下保持信心并坚定立场是至关重要的，认识到神的智慧超越我们的智慧。

总的来说，试炼和挑战不是挫折，而是个人成长和属灵发展的机会。神希望我们信任祂，并依靠祂的引导来应对这些试炼。通过拥抱这段旅程，跟随神的带领，理解我们经历背后的目的，我们可以克服障碍并实现上帝为我们制定的计划。正是通过这些试炼，我们发现了自己真正的潜力，激励了他人，并加速了我们履行神圣目标

的进程。不要动摇,也不要陷入敌人的计谋。在《以弗所书》6:10-12中说到:

"最后,我的弟兄们,要靠着主和祂的大能刚强起来。要穿戴神所赐的全副军装,就能抵挡魔鬼的诡计。因我们并不是与属血气的争战,乃是与那些执政的、掌权的、管辖这幽暗世界的,以及天空属灵气的恶魔争战。"

# 19

## 相遇的姿态:谦卑

亲爱的弟兄姐妹,在这一章中,让相遇的信息体现谦卑的姿态,并从《路加福音》7:36-39的经文中汲取灵感。让我们记住,当我们聚集时,我们主要关心的是神以及祂对我们的看法,而不是别人对我们的看法。

在《撒母耳记下》6:20-23中,大卫王树立了榜样,即使其他人在场,他也在主面前谦卑自己。他用尽全力跳舞,放下对理解和指挥的需求,拥抱对神赞美的激情。同样,我们必须愿意放下自己的欲望和议程,承认神的道路高过我们的道路,正如《以赛亚书》55:9所提到的。

"天怎样高过地,照样,我的道路高过你们的道路,我的意念高过你们的意念。"

在我们继续这个相遇之旅的过程中,让我们也反思大卫的话语。他祷告说:

"神啊，求你为我造清洁的心，使我里面重新有正直的灵。

不要丢弃我，使我离开你的面，不要从我收回你的圣灵。

求你使我仍得救恩之乐，赐我乐意的灵扶持我。" - 诗篇 51:10-12

愿我们也以一颗忏悔的心来亲近上帝，寻求祂的改变和我们灵魂的更新。

弟兄姊妹，亲近神需要付出努力，需要用心。我们需要有意识地决定将我们与祂的关系置于首位。我们必须愿意投入时间、精力和资源来寻求祂的面并体验祂的爱和同在的深度。为什么呢？因为祂是值得的！在祂里面，我们找到真正的满足、平安和目的。

为神圣的相遇而定位自己的重要性就如同雅各与神搏斗，拒绝放手直到得到祝福一样，正如《创世记》32:24-28所述，让我们怀着渴望祂在我们生命中的同在和干预的迫切心情来亲近上帝。

此外，我们必须对神的时间保持敏感，认识到每个季节的重要性并接受祂神圣的任命。在《使徒行传》2章中，门徒们站在楼上，等待所应许的圣灵。他们的服从和期待导致了与神同在的有力相遇。

因此，我鼓励你培养对神不间断的关注，抛开分心和世俗的担忧。让我们集中注意力。专注是火力和影响的关键。让我们成为全心全意献身于主、热忱追求祂的旨意和国度的人。

此外，我们与神的相遇应该具有明确的期望。我们必须勇敢地来到施恩的宝座前，描述我们的需要和渴望，知道神会垂听并回应我们的祷告。让我们毫不犹豫地在祂面前呈上我们的请求，因为祂是一位慈爱且细心的父。

最后，让我们真诚地祈祷，向我们的主倾心吐意。让我们的祈祷充满真诚和信心，正如《撒母耳记上》1:10-13中所读到的，哈拿热切地寻求上帝的干预并赢得了恩宠。愿我们的祷告如馨香般升腾在上帝的宝座前，寻求与祂相遇。

亲爱的读者，我鼓励您以谦卑的态度拥抱这种相遇。让我们更关心神对我们的看法，而不是别人的看法。当我们放下理解和控制的需要，以甘心乐意的心亲近祂，并努力寻求她的面时，我们将发现自己得以转变和更新。

总的来说，我们从这一章学到的教训是，作为信徒，我们的主要关注点应该是神对我们的看法，而不是寻求他人的认可。我们应以谦卑的心态接近神，放下我们的欲望和计划，并为神圣的相遇做好准备。通过将与祂的关系置于首位，对祂的时间敏感，并投入热切的祷告，我们可以在生活中经历祂的转变和更新。愿我们被认为是全心全意献身于主，热切追求祂的旨意和国度的子民。

# 遇见神对使命和服侍的呼召

《马太福音》28:16-20的神圣经文揭示了耶稣与祂在复活后的门徒之间的非凡时刻。这次相遇具有巨大的意义，因为它介绍了神对使命和服侍的呼召，即所谓的大使命。让我们深入研究这一次的相遇，探索其转化的力量。

当复活的耶稣站在加利利山上的门徒面前时，他们心中混合着敬畏和怀疑。然而耶稣作为神的儿子，以不变的权威宣告，

"天上地下所有的权柄都赐给我了。"- 马太福音 28：18

耶稣以祂神圣的权柄委派祂的追随者去使万民作门徒。这个召唤延伸到所有愿意跟随祂的人，积极参与上帝的救赎计划。使命是明确的：传扬福音的转化信息，给信徒施洗，并教导遵守祂的命令。

接下来的经文呼应了保罗在去大马士革的路上的经历，正如《使徒行传》9:1-19中所述。曾经是早期基督徒的激烈迫害者扫罗，在与复活的基督相遇时，看到了一道刺眼的光，被击倒并谦卑下来，保罗听到耶稣的声音问道："扫罗，扫罗，你为什么逼迫我？" - 《使徒行传》9:4。这次相遇改变了他的生活，将他从迫害者变成了充满热情的基督追随者。

保罗被任命为使徒，要在外邦人、君王和以色列人中分享福音。他的道路发生了巨大的转变；他成为不知疲倦的传教士，为基督的国度忍受艰苦和监禁。

耶稣与祂的门徒之间的相遇以及保罗在大马士革路上的改变，响彻着对使命和服侍的永恒召唤。它超越了文化和时代，敦促我们走向目标，并顺服于神的计划。

回应神的呼召将我们推向舒适区，踏上一段需要信心、牺牲和毅力的旅程。像门徒和保罗一样，我们必须为了福音的缘故放弃我们的野心。

想想这些话："永生神的灵肯定会要求你去某个地方或做一些你通常不想或选择做的事情。圣灵会引导你走上十字架的道路，就像祂带领耶稣走上十字架一样，而那绝对不是一个安全、美丽或舒适的地方。"

请记住，响应这一呼召并不是独自进行的。圣灵赋予我们力量、引导和装备我们。通过圣灵的帮助，我们克服弱点，进入未知领域，并影响生命。

让我们响应这个使万民作门徒的呼召。拥抱与神对宣教和服侍的呼召的转化性相遇，就像加利利山上的门徒和大马士革路上的保罗一样。怀着敞开的心迎接圣灵的引导，接受圣灵的指引，顺服于神圣的方向，并成为自愿的器皿。

总结起来，耶稣与门徒之间的相遇和保罗的转变深刻地诠释了神对使命和服侍的呼召。在反思这些相遇时，让我们勇敢地拥抱这个呼召，致力于推进神的国度。在《马太福音》28:20中，受到耶稣永远与我们同在的承诺的鼓舞，直到这个时代的结束

"凡我所吩咐你们的，都教训他们遵守。我就常与你们同在，直到世界的末了。"

# 21

## 为神圣相遇而拥抱活祭的概念

在这一章中，让我们深入探讨"活祭"这一深奥的概念，向一个以增进的恩典、谦卑、仆人精神为特征的时期发出神圣的邀请，并在我们的生命中展示上帝荣耀的壮丽。

使徒保罗在《罗马书》第 12 章的信中建议我们将身体献上当作活祭——这个概念在我们的现代社会中可能看起来很陌生，但对于以有意义的方式表达我们的信仰来说却是不可或缺的。活祭需要将我们完全奉献给上帝，类似于古代圣殿的传统。它象征着一种投降、奉献和敬拜的行为，我们放下自己的欲望、野心和意志，让神的旨意通过我们流动。它代表了对寻求祂的旨意高于一切的持续承诺，通过我们的生活将荣耀和赞美带给祂。

在这个活祭的时期，我们拥抱具有深刻属灵意义的象征。就像经历转变的蝴蝶一样，神按照祂的形象塑造我们，赋予我们自由和更新的身份。我们的生活成为祂恩典的见证，传播爱并带来积极的改变。

油代表神的恩膏和恩惠，象征着我们对圣灵转化工作的开放态度。通过净化我们、使我们纯洁，并给我们注入热情和爱，圣灵通过我们工作，成为祂恩膏流动的器皿，带来医治、恢复和恩惠。

彩虹是神应许的重要象征。作为致力于活出牺牲生活的人，我们努力理解祂的意图和为我们设定的道路，依赖祂的引导和理解。我们深刻地了解祂的意图，将我们的生活与祂的神圣计划无缝对接。

最后，一颗顺服神的心会充满喜乐和爱。这种快乐超越了环境，这种爱改变了生活和社区。作为活祭，这些品质成为我们的本质，散发出上帝的荣耀并吸引他人到祂面前。

亲爱的朋友们，我敦促你们接受活祭的呼召，进入一个充满恩典的季节。这是一个成长、转变以及与天父建立深刻亲密关系的时期。当你降服时，你会前所未有地体验到祂的同在，祂的荣耀也会通过你彰显出来。你的忠诚会导致你的恩赐和恩膏增加——这是一个提升的季节，你与祂的合一变得更加明显。

《哥林多后书》 3:17-18 提醒我们，

"主就是那灵，主的灵在哪里，哪里就得以自由。我们众人既然敞着脸得以看见主的荣光，好像从镜子里返照，就变成主的形状，荣上加荣，如同从主的灵变成的。"

愿这个信息点燃你内心的火焰，拥抱活出牺牲的呼召。怀着谦卑和愿意为神的目的而被使用的心态，踏入这个应许的、增强恩典的季节。愿活祭的转化力量带领你更深刻地认识神的爱、喜乐和恩惠。

总之，活祭邀请我们降服于神，完全成为祂荣耀的器皿。通过这种归降，我们经历了转变、自由和祂恩典的倾注。通过拥抱活祭的象征和品质，我们可以使自己与神的旨意保持一致，并成为世界积极转化的推动者。让我们不断努力成为谦卑和有用的仆人，让圣灵通过我们工作，成为我们周围的人希望、理解、毅力、智慧、启示、喜乐和爱的源泉。

# 22

## 相遇的姿态

在《路加福音》8:40-56中，我们遇到了两个震撼人心的故事——一个患有血漏的妇女得到医治，以及睚鲁女儿的复活。这些故事让我们深入了解如何定位自己，以便与耶稣发生改变生命的相遇。

绝望：睚鲁和妇人都渴望与耶稣相遇。他们意识到自己需要奇迹，并谦卑地来到耶稣面前，承认只有祂才能满足他们最深的需要。绝望是为我们为与耶稣相遇而做好准备的关键因素。当我们意识到自己的局限性并在绝望中寻求祂时，我们就会敞开心扉接受只有祂才能提供的奇迹、治愈和突破。

有意识：仅仅渴望与耶稣相遇是不够的；我们还必须有意识地寻求耶稣。患血漏的妇人通过冒险挤过人群去触摸耶稣的衣裳证明了这一点。她相信只要能与祂有身体接触，她就会得到医治。同样，为了与耶稣相遇，我们需要有意识地做出努力。

我们需要通过祷告、阅读祂的话语、参加敬拜聚会，并与信徒团体互相交往，积极地寻求祂。通过有意识地将自己置于祂的面前，我们创造了一个有利于与祂相遇的氛围。

坚持不懈：睚鲁和妇人都面临着灰心和长期的失望。睚鲁在等待耶稣的过程中经历了女儿的死亡，而那妇人则在多年的病痛中找不到治愈的方法。尽管面临这些挑战，他们仍然坚持信仰并追求与耶稣相遇。为与耶稣相遇而定位自己需要在面对障碍时保持毅力。我们必须学会从怀疑、恐惧和失望中解脱出来。神渴望医治并疏通我们的心，但这需要我们坚持不懈地坚持信心并相信祂的良善。

充满信心：信心是推动我们与耶稣相遇的燃料。睚鲁和那妇人都表现出对耶稣的力量和能力坚定不移的信心，相信耶稣能够带来他们迫切需要的医治和突破。为了与耶稣相遇，我们必须让我们的内心充满信心。这意味着选择消除我们周围怀疑和分散注意力的声音，并将我们的目光集中在耶稣身上。我们需要顺服祂，把其他一切放在一边，专注于祂的应许和品格。通过这样做，我们将我们的观点从恐惧转向信心，创造一个与耶稣相遇成为现实的环境。

总的来说，为了使自己能够与耶稣有深远的相遇，我们首先必须认识到我们渴望祂的奇迹，并谦卑地接近祂。

接下来，我们需要有意识地通过祷告、阅读祂的话语、以及与信徒团体互动来积极寻求祂。尽管我们可能面临各种挑战或失望，但我们必须坚持对信仰的持守，清理我们的心，信任上帝的时机和慈爱。最后，我们需要用坚定的信心充实我们的心，消除怀疑和干扰的声音，完全屈服于耶稣。当我们采取这些立场，包括绝望、有意识、坚持和信心时，我们就敞开了自己，迎接了与救主的转变性相遇，这将永远改变我们的生活。

# 23

## 在耶稣的带领下一起度过人生旅程:福音书的启示

从马太、马可、路加和约翰的福音书中汲取智慧,我们揭示了许多关于保持对耶稣的专注和坚定承诺的见解。在与耶稣一同坚定信仰旅程中保持不移的优势,无论生活中遇到什么样的挑战,都是丰富而深刻的。

**丰盛的生命**:在《约翰福音》中,耶稣宣称自己是丰盛生命的源泉。与祂保持紧密联系,培养对祂的爱,并遵循祂的指导,使我们能够过上充满目标、喜乐、平静和满足的生活。

**神圣的引导和清晰**:正如耶稣将自己比作好牧人一样,福音书强调了这样的观念:与耶稣同住会在我们的旅程中带来神圣的引导和清晰。祂的教导给予我们智慧、洞察力和辨别力,指导我们做出具有挑战性的决定,并确保我们始终走在正义的道路上。

宽恕与和解：在福音书的记述中，显而易见的是耶稣无尽的爱和祂愿意宽恕的心。通过坚定地站在祂的身旁，我们可以体验到祂宽恕之恩的转变力量，得到对我们过犯的救赎。这使我们得到医治、恢复活力，并在我们与神的关系上有一个新的开始。

坚定的信心：通过与耶稣的生活密切互动，见证祂的奇迹，吸收祂的教导，并最终承认祂的复活，祂的门徒对坚定信心的重要性有了深刻的理解。与耶稣保持深厚的联系并接受祂的教导培养了一种持久的信心，支持我们度过生活中的考验和磨难。

永恒的救恩：坚定地委身于耶稣，就会得到永恒救恩的最终奖赏。在福音书中，耶稣向那些信靠祂、相信祂在十字架上的牺牲，并忠实地跟随祂的人们承诺了永生。这种与神永恒相交的承诺带来了希望，并为应对生活的挑战和不确定性奠定了坚实的基础。

在马太、马可、路加和约翰的福音书中集合的教导强调了专注于耶稣并保持对祂的承诺的重要性。通过这样做，我们可以巩固我们的信心，体验生命的丰富，接受神圣的指导，找到救赎和宽恕，并最终获得永恒的救赎。这些祝福赋予我们在生活的高峰和低谷中保持坚定的希望、内在的平安和深刻的使命感。

# 24

## 加深对耶稣的信靠：揭示无尽的相信理由

依然还有许多重要的方面和令人信服的理由让我们应该完全信靠耶稣并在与祂同行的道路上坚定不移：

无条件的爱：耶稣通过祂的教导和行为体现了无条件的爱。祂对我们的爱是坚定不移的，不论我们的不完美和过失如何。相信祂不仅使我们能够接受祂无尽的爱，也能够将这爱传递给他人。

完美的榜样：耶稣为我们提供了以公义和目标为驱动的生活的完美榜样。祂关于爱、宽恕、谦卑和同情的教导成为我们与他人互动的指引之光，激励我们变得更像祂。

神圣的智慧：耶稣拥有神圣的智慧和深刻的理解力。信靠祂并保持与祂的联系使我们能够获取祂对我们生活旅程的洞察和引导。祂的智慧超越人类的理解，使我们能够做出明智的选择。

**安慰与平安**：通过我们对耶稣坚定的信靠，我们在生活的挑战中尤其能够找到安慰和内在的平安。祂为我们的忧伤提供慰藉，为我们的创伤带来疗愈，并保证祂始终与我们同在。

**力量的源泉**：耶稣是我们坚不可摧的力量之源。当我们面临困难、诱惑或考验时，依靠祂赋予我们战胜它们的力量。信靠祂的力量使我们能够忍耐并在品格上成熟。

**转变的力量**：信靠耶稣并坚守祂的道路使我们能够经历祂转变的力量。祂具有卓越的能力，能够重塑我们的心灵和生活变得更好。通过祂，我们经历个人成长、治愈和复兴。

**永恒的希望**：耶稣向我们赐予永恒的希望。通过信靠祂，我们在永恒生命的承诺和在神面前的未来中充满信心。这个希望在不确定的时刻支撑着我们，提醒我们我们的最终目的地超越了我们在这个世界的存在。

我亲爱的朋友们，关于耶稣还有很多东西有待我们去发现，也有令人信服的理由让我们继续全心全意地信靠祂。祂的无条件爱、作为完美的楷模、带来安慰与平安的能力、作为我们持久的力量源泉、转变的力量以及祂所赐予的永恒希望，都是强大的激励因素。全心全意地信靠祂使我们能够在生活中体验祂的完全同在、引导和祝福。

# 25

## 在充满挑战的季节相信神：诗篇 23:4 和 37:3 的教训

在人生的旅程中，我们都会面临低谷和充满挑战的季节，考验我们的信心和韧性。当我们度过这些困难时期时，大卫在《诗篇》23:4 和 37:3 中的智慧提供了深刻的指导。

"我虽然行过死荫的幽谷，也不怕遭害，因为你与我同在，你的杖、你的竿都安慰我。" - 诗篇 23:4

"你当倚靠耶和华而行善，住在地上，以祂的信实为粮。" - 诗篇 37:3

拥有这个季节

大卫是一位合神心意的人，他教导我们，充满挑战的时期并不是我们注定的结局。我们不能让这些季节来定义我们；相反，我们应该拥抱它们，承认痛苦，同时相信神的旨意。关键在于拥有这个季节，而不是让它掌控我们。

尽管面对挑战，我们并不是失败者或被取消资格的人；相反，这些考验是神塑造和培训我们的机会。

## 在挑战中信靠

在试炼中，我们经常质疑神的意图，当世俗的成功远离我们时，我们也很容易动摇，尤其是在面临困境时。然而，大卫在《诗篇》37:3中的见解提醒我们要信靠上帝，并继续行善。在艰难的时刻，我们的自然倾向可能是退缩，寻找短暂的安慰或自怜自艾。然而，大卫鼓励我们要在这片土地上安居，并依靠上帝的信实。

## 以祂的信实为粮

以神的信实为粮意味着与祂坚定不移的爱和应许为伴。与其转向世俗的分心事物或负面的思想，我们应该安定下来，并与祂的信实为伴。正如在困难时期我们寻求熟悉的食物或习惯来寻找安慰一样，我们必须在神那不变的性格中找到慰藉。

## 反思与转变

反思过去充满挑战的季节可以让我们看到神在那些时期是如何塑造我们的。了解每个季节都是神在我们生命中发挥作用的机会改变了我们的视角。我们不再将挑战视为障碍，而是成长和转型的垫脚石。

重新定义困难的季节

如果你觉得自己处于一个充满挑战的时期,那么是时候以不同的方式看待它了。认识到神希望通过这些时刻来塑造你。不要将自己视为环境的受害者,而应将自己视为一名战士,在每次战斗后变得更加强大和明智。

每个季节,无论多么艰难,都是上帝塑造我们成为祂形象的机会。让我们信靠祂,承认痛苦的目的,并与祂的信实同行。当我们这样做时,我们可以从人生的低谷中走出来,不是破碎的,而是精炼的、有韧性的,并深深扎根于信仰。每个季节的奇迹就是我们在那个季节继续信靠上帝的能力。

# 培育信心：为了你和我的指路明灯，耶稣的追寻者

在耶稣基督中保持信心不仅是个人的努力，也是为那些寻求灵性启示的人提供的一盏明灯。经文提供了无价的经节，引导我们的信心并加强我们对神同在的信任。

在《历代志上》10:13 中，我们了解到不忠诚的后果："这样扫罗死了，因为他干犯耶和华，没有遵守耶和华的命。又因他求问交鬼的妇人。"

这强调了对神的坚定忠诚的重要性。

在《哥林多后书》1:24 中，信仰团体的协作本质得到了体现："我们并不是辖管你们的信心，乃是帮助你们的快乐，因为你们凭信才站立得住。"

这经文强调了在一个支持性信仰共同体中所发现的力量。

《雅各书》2:17 提供了一个深刻的真理："信心若没有行为就是死的。

这挑战我们将信心转化为有意义的行动，凸显积极信心的生命力。

《启示录》14:12 鼓励坚定不移："圣徒的忍耐就在此，他们是守神诫命和耶稣真道的。"

强调信心的坚忍，敦促我们遵守耶稣的教导。

《诗篇》121:7: 向我们保证有神的保护："耶和华要保护你免受一切的灾害，祂要保护你的性命。"

这节经文是对上帝警醒的存在的宽慰提醒，尤其是在艰难时刻。

《彼得前书》1:8-9 阐明了信心的深刻喜乐："你们虽然没有见过祂，却是爱祂；如今虽不得看见，却因信祂就有说不出来、满有荣光的大喜乐，并且得着你们信心的果效，就是灵魂的救恩。"

这强调了在信心中找到了深刻的喜乐和保证。

《罗马书》8:28 在充满挑战的时期提供了安慰："我们晓得万事都互相效力，叫爱神的人得益处，就是按他旨意被召的人。"

这节经文提供了安慰，肯定了上帝在逆境中的供应。

当你继续你的属灵之旅时，这些经文是鼓励和力量的源泉。请记住，信心不是孤独的；它在信徒的支持社区中蓬勃发展，这是你属灵追求的一个基本方面。

# 27

## 结论：拥抱耶稣转化性的信息

在这段穿越耶稣基督的一生和教义的旅程中，我们深入探讨了祂转化性的信息的核心。穿越古老的文本和永恒的智慧，我们的目标不仅仅是理解，而是内化这些深刻的教义。

耶稣，一个在历史和灵性上具有巨大重要性的人物，超越了单纯的神学教义。祂成为我们复杂生活中的指路明灯，提供了一张普世的路线图。祂的信息充满了无限的爱和同情，超越了文化的界限，将全人类团结在一起。

爱与同情：转化的核心

耶稣转化性信息的核心是爱——一种无条件、无界限的爱。它呼吁我们对同胞表示同情，成为破碎灵魂的修补者，需要时的倾听者，以及弥合分歧的理解之心。通过她的教导，我们挖掘出爱的转化力量，修复破裂关系的一种动力，滋养受伤的灵魂，团结破裂的社区。

"如今常存的有信、有望、有爱这三样，其中最大的是爱。" - 哥林多前书 13: 13

宽恕与救赎：治愈之路

耶稣传授了深刻的宽恕之道，这是在一个经常被怨恨和报复困扰的世界中的一种安慰。祂的信息通过宽恕的行为铺平了一条解脱之路，使我们能够摆脱束缚我们过去的枷锁。在宽恕中，我们找到了救赎和自由，点燃内心的平静，同时为集体的疗愈和更新奠定基础。

"倘若这人与那人有嫌隙，总要彼此包容，彼此饶恕；主怎样饶恕了你们，你们也要怎样饶恕人。" - 歌罗西书 3: 13

信心与信任：在人生的风暴中抛锚

在耶稣的整个教导中，祂强调了信心和对更高目标的信任的重要性。在绝望和怀疑的时刻，信心是我们坚定不移的锚，不断提醒我们，即使在生活的暴风雨中，有一盏指引的明灯仍然照耀着。相信神圣的计划使我们能够以坚韧和乐观的态度度过人生的磨难，并认识到每一次经历，无论是快乐还是悲伤，都有助于我们的属灵成长。

"你要专心仰赖耶和华，不可倚靠自己的聪明，在你一切所行的事上都要认定祂，祂必指引你的路。" - 箴言 3: 5-6

## 活出有意义的生命：具体化转变

最终，耶稣召唤我们过一种充满目标的生活。在这种生活中，我们的行为与我们的信念相一致，善良成为我们的通用语言，同理心塑造我们的互动。接受耶稣转化性的信息不仅仅是一种智力上的努力；这是在我们日常生活中体现这些教义的响亮呼吁。

"世人哪！耶和华已指示你何为善。他向你所要的是什么呢？只要你行公义，好怜悯，存谦卑的心，与你的神同行。" - 弥迦书 6：8

当我们结束这一深刻的探索时，让我们继续推进耶稣转化性信息的精髓。愿祂的教诲启发我们的思想，在我们的言语中产生共鸣，并渗透到我们的行动中。让我们以我们独特的方式为一个反映耶稣所体现的爱、同情心和同理心的世界做出贡献。在接受祂的信息时，我们不仅发现了今天的向导，而且发现了永恒的智慧，照亮了我们通往更加富有同情心、宽容和有明确目标的明天的道路。

# 28

## 耶稣的转化之触：个人见证

在一个常常被怀疑笼罩的古老文本的世界里，《圣经》不仅仅是历史记载的集合，更是一股生动而具有转化力的力量。人们很容易将这些叙述视为陈旧，然而在它们的页面之间蕴藏着一种深刻的力量，能够重塑生命，甚至深入我们的灵魂，揭示我们可能甚至没有意识到的真理。

呼召作见证

这些个人见证是《圣经》的力量超越时空的活生生证明。他们邀请我们见证令人难以置信的事物，拥抱其文字中鲜活、呼吸的本质。让这些故事提醒我们：圣经不仅仅是古代历史。它是转化力量的源泉，等待着以我们无法想象的方式触及我们的生活。因此，让我们敞开心扉，阅读这些故事，让耶稣转化性的触动在我们内心产生共鸣。

《希伯来书》4:12 指出，"神的道是活泼的，是有功效的，比一切两刃的剑更快，甚至魂与灵、骨节与骨髓，都能刺入、剖开，连心中的思念和主意都能辨明。"

用《诗篇》107:2 的话来说

"愿耶和华的赎民说这话，就是他从敌人手中所救赎的。"

我们的声音很重要，我们的故事有可能为那些寻求神的人带来希望。

# 个人见证展开

信仰引领：一段神圣供应和社区转变的旅程 #1

2011 年，我和丈夫在偏远地区定居了六年后，面临着从班伯里搬到珀斯的重大搬迁。值得庆幸的是，我们的公司为我们在繁华的中央商务区提供了一个月的临时住所，让我们有时间适应这座新城市。

考虑到我丈夫的定期工作安排，怀着希望和期待，我们勤奋地探索了大都市区，寻找一个在城市或机场附近战略位置的住所。在参加了南部郊区的团契聚会，如坎宁维尔（Canning Vale），并经历了漫长的车程返回后，我们认为这些地区距离市中心太远了。因此，我们重点关注北郊、东郊和西郊，这些郊区似乎更有希望。但几周过去了，租赁市场的竞争变得异常激烈，无数申请者争夺我们看到的每处房产。拒绝信一封接一封，我们面临着无家可归的令人沮丧的可能性。

随着我们的临时住宿期限即将结束，一种紧迫感和绝望感席卷了我们。我们曾相信神引导我们搬到珀斯，但现在寻求神的干预来寻找住所的想法似乎出乎意料。尽管如此，在极度的绝望中，我们跪下来向天父呼求，寻求祂的帮助。

在那时的需要中，我们想起了上一周来自FCC的一位牧师和她的女儿的建议。她们推荐了一个叫做Piara Waters的新的郊区，比坎宁维尔(Canning Vale)还要往南。尽管我们被那里一座漂亮的房子吸引，但由于租金超出我们的预算，我们没有考虑它。然而，在向神倾吐了我们的心声之后，我们决定完全信任祂的引导。奇迹般的是，第二天，那栋房子的租金大幅下降，完美地符合我们的财务限制。我们没有浪费时间立即申请，确保房子没有任何其他竞争租户。

然而，这个故事的画卷超越了我们个人的愿望。当我们安顿下来，我们发现我们的邻居来自我丈夫珍爱的家乡，哥打京那巴鲁（Kota Kinabalu）。很明显，这次相遇绝非巧合；这是神的神圣旨意在起作用。在两年多的时间里，我们与邻居建立了真挚而友好的关系，尤其是与Emilia及其家人。尽管他们是天主教徒，但他们偶尔去教堂。受神的爱驱使，我为他们祈祷并提供持续的支持。

通过坚定的邀请、热切的祈祷和上帝的恩典，Emilia的家人回应了并开始定期参加教堂聚会。最终，两年后，他们决定定期敬拜后，我们在坎宁维尔（Canning Vale）购置了一座房子，就在他们的房子旁边。见证着他们显著的属灵成长，Emilia和Leonard如今是我们连接小组中备受尊敬的领袖，在他们的生活中体现出上帝的转化力量。

回想这段令人难以置信的旅程，我对神的道路高过我们的道路这一深刻的真理感到谦卑。

在我们最绝望的时刻，神精心策划了一系列事件，准确无误地引导我们到达完美的住所，并利用它作为影响邻居生活的催化剂。这个强有力的见证作为一个深刻的提醒，告诉我们神的信实和供应超越了我们眼前的需要，触及了我们周围人的心灵和灵魂。我永远感谢祂坚定不移的指导，并为祂的良善和对我们每个人的难以言喻的计划作见证。

在这段寻找家园和改变生命的非凡旅程中，我们学到了全心全意信靠神的宝贵教训。在绝望和不确定的时刻，当我们自己的努力似乎无济于事时，我们将自己的重担交给神，并依靠祂神圣的指导。正是通过这种完全的信任和交托，上帝彰显了祂的主权，以我们无法想象的方式精心安排了事件。

《箴言》3:5-6 总结道："你要专心仰赖耶和华，不可倚靠自己的聪明，在你一切所行的事上都要认定祂，祂必指引你的路。"

此外，《诗篇》37:5 向我们保证："当将你的事交托耶和华，并倚靠祂，祂就必成全。" 这种情感让我们确信，将我们的愿望托付给神会导致祂的干预，为我们的最终利益解决问题。

最终，这段旅程教会了我们，信靠神到底不仅使我们更接近祂的旨意，而且使我们能够在实现祂的目的中发挥作用。通过忠实地跟随祂的带领，我们成为他人生命中改变和祝福的工具，正如我们在Emilia和她的家人身上所见证的那样。

这段旅程教会了我们，无条件地信任上帝不仅使我们与祂的旨意保持一致，而且还使我们能够影响他人的生命。通过跟随祂的带领，我们成为转变和祝福的工具，正如Emilia和她的家人所见证的那样。当我们应对生活中的不确定性时，让我们记住坚定不移的信念这一强大的教训。对上帝的引导和计划的顺从将引领我们到我们独自无法到达的地方，深刻地影响着我们自己和周围人的生命。

恩典之神：我的保护者和供应者 #2

我在一个平凡而支离破碎的家庭中长大。尽管我是备受宠爱的长子，但我的家庭却是破碎的，我的母亲辛勤工作来养活我们。我父亲很少参与，让我独自面对生活。然而，在混乱之中，每周日去教堂成了我生活中的一个常态。

在我的青少年时期，我发现自己回到了我母亲的教堂，在那里我在英语堂担任钢琴手。没有正规的培训，我就相信并服从，坚信神会装备祂所召唤的人。我的简单信心让我能够在音乐方面取得进步，超越了我通过培训学到的东西。

在事奉音乐事工的过程中，我经历了圣灵的充满。祂的同在成为我的导师，引导我提升技能，深入理解音乐。

在鼓舞人心的演讲者和支持性社区的帮助下，我在属灵的旅程中蓬勃发展。

像任何青少年一样，我面对着诱惑和挑战。我参与了一些秘密的关系，在我不健康的家庭动态中寻找安慰。然而，当我驾车回家时，车胎爆了，神介入了，提醒我祂完美的爱。这是一个警钟，让我意识到透明和真实的爱的重要性，使我更加接近神。

虽然我决心忠心事奉主，但我仍然与物质主义和骄傲作斗争。这些挣扎影响了我的学习成绩，但通过神的恩典，我的母亲能够资助我在我们家附近的一个合作办学项目中接受教育。这个机会教会了我独立和依靠神供应的价值。

在阿德莱德（Adelaide）独立生活为我提供了与神真实亲密的机会。在摆脱了我以前城市的干扰之后，我可以沉浸在祂的同在中。通过弹奏我姐妹送给我的键盘，我发现只有在祂里面我才能找到满足。就在这段时间，我创作了几首歌曲，意识到上帝在我的心中放了一首新歌。

当我沉浸在寻求神的引导中时，我的物质主义倾向开始淡化。每一个决定，包括寻找人生伴侣，都服从祂的旨意。与我最初的欲望相反，神把一个来自谦卑背景的人带入了我的生命。这种经历使我谦卑，并教导我完全依靠上帝的供应，顺服地跟随祂的引导。

我的旅程告诉我，专注并信靠神直到最后，为祂在我们生命中旨意的道路铺平了道路。即使在家庭支离破碎和个人挣扎的情况下，神的恩典仍然保护我、供应我。通过信心、服从和将祂置于万物之上，我学到真正的知足和满足只能在神里面找到。

https://youtu.be/S2oGHaKpq-Q?si=ERpkS1ke6ScvamPG

信心经受考验，信心得以恢复：经历考验和神圣干预的旅程 #3

2022 年对许多人来说都是像过山车和充满挑战的一年，至包括我们的家庭。今年的头几个月，我充满了活力。启动神在我心里放置的想法，开始了一个以深度敬拜为中心目标的祷告会小组，一切都进展得非常顺利。在那段时间里，神利用我与核心祷告伙伴的关系，使我一位学生的家长从抑郁中解救出来，并帮助她稳定情绪。事情进展得很顺利，我的心里对神正在做的事充满了极大的期待。然而，随着五月份冠状病毒事件的发生，这一切突然停止了。

这是周六一次普通的音乐排练，直到三天后我无法起床时，我才意识到自己从其中一名成员那里感染了病毒。在我症状恶化的前一天，我无意中为我的阿姨和她的女儿安排了一次面部护理，结果就是这样。我最可怕的噩梦发生了！不是因为新冠病毒——我并不害怕。而是因为我传染给了别人，这让我无法忍受这个想法。我感到内疚，甚至将所发生的事情归咎于神。我告诉丈夫我因为愧疚而不想再活了。在因发表如此可怕的言论而受到他的惩罚后，这种想法稍微平息了一些。

但接二连三的打击来了，第二天我还在摆脱昏沉的状态并在线上课时，一条短信传来，这让我更加内疚，因为有一位祷告伙伴对我违反了保密规定产生了某种误解。在收到这条信息后的整个晚上，我感到喉咙发紧，感到压倒性的沉重，我再次为自己感到很难受。

那天晚上，当我躺在下铺的床上，心痛头痛得厉害，眼泪止不住地流下来，我试图忍住呻吟声，因为我儿子躺在上铺，准备睡觉。我心里向神哀叹：'神啊，为什么这件事发生在我身上？祢在哪里？在这些年里，我一直对祢忠诚，从小到大不辞辛劳地服侍祢，将我的一切奉献给祢。拜托，神啊，我再也受不了了。我要退出！我要放弃我所有的事奉。音乐、儿童、祷告、见证等等！"

突然，我十岁的儿子突然问道："你爱我吗？"我没有多想，但几乎立即回答："是的"，为什么？然后他回答说：'喂养我的小羊'。"我没有太注意；我以为他只是在开玩笑，因为他经常这样做。然后他又问，"你爱我吗？"我毫不犹豫地回答，"是的，我当然爱你！"你为什么问我这个？！我儿子回答说："牧养我的羊。" 然后一片寂静。他又想问第三次了。这一次，我明白了！是的，是的，我明白你在告诉我什么，主啊！！（《约翰福音》21：15-19） 当我慈爱的救主通过我的儿子对我说话并在那一刻回应了我当时的呼声，我的眼泪不断地滚落！我疼痛的心和头得到了缓解，那天晚上我安稳地睡着了。通过我儿子从神那里听到这这番话真是令人欣慰。

在接下来的几天或几周里，我感到上帝引导我再次参加圣经研读团契，我意识到没有一个团体的支持，我自己是多么脆弱。我知道我需要一个信徒的群体，才能继续坚强站立。就在我准备回去之际，毫不奇怪，我被要求担任儿童组的组长角色。尽管我的工作日程已经很忙，而且周末还有教会的事工，但我毫不犹豫地接受了。因为我对祂的回答是："是的，我爱你。"

似乎这还不够，到了年底，更加严峻的考验和磨难像一场大洪水降临到了我的父母身上，他们因为我的浪子哥哥而受到高利贷的威胁，几乎把他们的一切、每一分都摧毁了。但他的信实从未消失，风暴很快就平息了。在圣经研读团契的社群中扎根并深入研读上帝的话语，祂的话语总是如此及时并准确地与我所处的环境相契合。这是另一个可以讲述的故事。

我知道这并不是终点，前方可能还有许多挑战要面对，但我将继续信靠耶和华的名，祂必拯救我脱离一切患难，我的灵魂将等候并在祂里面抱有希望。就如诗篇中所唱的

"若不是耶和华帮助我们，当人起来攻击我们：

向我们发怒的时候，就把我们活活地吞了。那时波涛必漫过我们，河水必淹没我们，狂傲的水必淹没我们。耶和华是应当称颂的！他没有把我们当野食交给他们吞吃。我们好像雀鸟从捕鸟人的网罗里逃脱，网罗破裂，我们逃脱了。我们得帮助，是在乎倚靠造天地之耶和华的名。" - 《诗篇》124

"祂从祸坑里，从淤泥中，把我拉上来，使我的脚立在磐石上，使我脚步稳当。" - 《诗篇》40:2

https://youtu.be/Rv9dZOOONCw?si=eLEb5XCuN5O6RGEK

作者：FCC 的 Grace Loh；西澳大利亚州珀斯

克服挑战，经历奇迹：大流感时期的个人见证 #1

新冠大流行的出现引来了前所未有的挑战，迫使全球各地的人们面对各种艰辛。在这个艰难时期，我遇到了两个深刻的见证，它们不仅考验了我的坚韧，也加深了我对祷告的转化力量以及给我们的生活带来意想不到的奇迹的信心。

2019 年 9 月，我在马来西亚吉打州的家人发生了一场悲剧，我的大哥去世了。让事情变得更加复杂的是，他的儿子留下了一份不完整的遗嘱，造成了复杂的法律情况。我和我的妻子承担了管理人员的角色，肩负着确保遗产公平分配的任务，特别是对我的侄女。事实证明，解决这些问题的过程是艰巨而复杂的。

为了找到解决方案，我们寻求了法律援助，并踏入了一场艰苦的法律斗争，坚定不移地信心和不停的祈祷支持着我们。每遇到一个障碍，我们对神圣干预力量的坚持和信心就变得更加坚定。这段旅程充满了无数的后续、深夜的讨论，以及对完成使命的坚定承诺。

经过无数次的跟进和漫长的法律斗争，我们的坚持结出了硕果。2022年8月，我们收到了苦苦等待的消息——遗产终于落户了。漫长而艰辛的进程已经结束，标志着战胜逆境的重大胜利。

这段旅程教会了我们在逆境中保持坚定不移的信心、毅力和团结的重要性。在悲剧发生后，我们坚定不移，以决心和希望面对法律挑战。

在2022年8月取得的胜利是我们坚韧不拔和追求正义与了结的团结力量的明证。

上帝安慰的见证：胜利

在我悲伤的深渊中，我在上帝坚定的同在中找到了平安。在这个篇见证中，我将分享我失去挚爱妻子石莲（Seok Lian）的经历，她于 2022 年 11 月 22 日在意大利罗马度假期间因急性胰腺炎去世，而我在悲伤中在神的恩典中找到了力量。

Seok Lian 在罗马住院三周期间，我面临着许多挑战，特别是语言障碍。然而，神的恩典却以意想不到的方式显现出来。我非常感谢意大利政府对我们这样的外国人免费提供的富有同情心的照顾。在这个困难时期，我教友们的祈祷和马来西亚大使馆的援助发挥了重要作用。他们的支持帮助我克服了沟通障碍并翻译了重要文件，确保了保险公司、银行和和地方政府的沟通能够顺利进行。

在这些考验中，我在2022年6月被诊断为糖尿病前期，受到家族糖尿病史的影响。尽管有遗传倾向，我选择相信耶稣的医治能力。通过深入研究，我采取了各种策略来管理我的血糖水平。每天早晨，我都会忠实地在温水中食用一茶匙有机锡兰肉桂粉，保持定期运动，控制糖分和碳水化合物的摄入，并热切地祈求耶稣的医治触摸。我的付出得到了回报；我在2022年6月和2022年

12月的HbA1C测试中显示出显著的改善，2023年6月的指数为5.3%。医生确认我不再处于糖尿病前期，这是耶稣医治恩典和大能的见证。

在这些试炼和医治的时刻，我想起《以赛亚书》53:5的话，"因祂受的鞭伤，我们得医治"，以及《哥林多后书》12:9的话，"我的恩典够你用的，因为我的能力是在人的软弱上显得完全。" 我向神献上一切的荣耀、尊荣、赞美和感谢，承认祂在我的生命中给予了坚定的支持和恩典。

作者：振林山加略山社区教会的 Jeremy Tay；马来西亚柔佛州

信心与治愈之旅：我的神，永不离弃我

那是 2023 年 3 月 30 日的早晨，我发现自己正在与严重的腹泻、发烧和胃痉挛作斗争。我最初的想法是，"哦不，又是我的嗜酸性粒细胞（EOS）（一种白细胞）再次爆发！"我接受了血液检查，结果显示这不是我的 EOS 出现问题，而是感染。我去了一家普通诊所，医生给我开了药，认为这可能是食物中毒，而且我很快就会康复。不幸的是，我的病情恶化了，不得不住进马来西亚柔佛新山当地一家医院的急症室。

五天后，我出院了，但我的身体仍然很虚弱。发烧和腹泻又回来了，我注意到我呼吸困难。结果，我又被送进同一家医院。经过抗生素治疗和各种检查，我的病情好转，八天后就出院了。然而，医生们无法确定我感染了什么病菌。一周后，我仍然很虚弱，连短距离都走不了。另一项血液测试显示感染仍然存在。我感到沮丧和绝望，质问神，想知道为什么祂没有医治我。我已经受苦了将近一个月，寻求下一步该怎么做的指引。

在过去的五年里，我一直在新加坡中央医院（SGH）的一位血液病专家医生那里咨询我的罕见血液病。在收到令人痛苦的血液检查结果后，我再次向她咨询，并被提出在新加坡接受治疗的选择尽管我知道作为外国人，我将面临更高的医疗费用，但我还是犹豫了。然而，我感到一种内心的动力，让我知道在新加坡时我可以住在我姐妹的家里。计划是接受推荐的传染病专家（ID）的门诊治疗来应对我的感染。因此，我于4月27日越过边境。

5月1日，当我的血压突然降至80/50时，我的医生坚持让我住进新加坡中央医院急症室。我的病情似乎恶化了，仍然发烧、腹泻，而且双脚浮肿。在病房里，我第一次与传染病专家医生进行了咨询。由于我的身体虚弱，我需要输血，并进行了多次血液检查。血压稳定后，我就出院了。

不幸的是，就在我出院后不久，坏消息迅速传来。在同一天，传染病专家医生打来电话告诉我，我感染了真菌。我不得不接受MRI、脑部扫描和腰椎穿刺手术。第二天，我得知我还患有病毒感染，这使得我必须重新入院接受治疗。那时，我已经开始出现带血的腹泻。医生解释说，我的免疫抑制状态使我容易受到这些感染的影响，如果不及时治疗，可能危及生命。我通过药物输液和口服药物接受治疗。四天后，即5月12日，我第四次住院出院。今天，神医治了我！

那些痛苦的几个星期里，神在哪里呢？为什么祂保持沉默？在我前往新加坡之前，由于发热，我经常昏昏欲睡，无法多祷告。然而，当我在新加坡感觉好转时，我知道神没有抛弃我，也没有让我处于困境之中，正如

"耶和华必在你前面行，祂必与你同在，必不撇下你，也不丢弃你；不要惧怕，也不要惊惶。"《申命记》31:8

在我第一次住在新加坡中央医院（SGH）病房的时候，我发现晚上很难入睡。从另一个病房，我能听到一个男人尖叫了两个小时，还有另一个病房成员的神志不清的呼喊声。在经历了一夜无法忍受的干扰后，在第二个晚上，圣灵对我说："束缚那些尖叫背后的灵！" 我顺从了，很快我就在束缚观音的灵，也就是慈悲女神，和死亡之灵。尖叫声逐渐停止，我得以入睡。

在我第二次住在新加坡中央医院（SGH）期间，在我出院的前一晚，圣灵再次促使我与其他两位病友分享耶稣。这两位女士都在与癌症搏斗——K女士患有淋巴瘤，L女士患有血癌。尽管我的华语水平有限，但在决定顺从之前，我无法找到安宁。于是，我分享了有关耶稣的信息，并为她们两位祷告。我敦促K女士呼求耶稣，因为她在化疗中经历了剧烈的疼痛。K女士表示有兴趣了解耶稣，但L女士因为家庭传统而犹豫。我继续为她们两位祈祷，希望有一天她们都会接受耶稣。救赎的种子已经播种了！

我非常担心在新加坡中央医院（SGH）的医疗费用。由于进行了大量的测试、程序和其他入院费用，我质疑作为外国人是否能够负担得起这么高的费用。一天晚上，躺在病床上时，神的灵对我说话，敦促我放下焦虑和担忧。祂向我保证祂是我的供应者，事实上，即使在我接受新加坡中央医院（SGH）治疗之前，祂已经提供了。当我在新山住院时，我有一个名叫WS的兄弟从新加坡来看望我。在他离开之前，他告诉我他已经把一笔钱存入了我的新加坡银行账户。由于我病得太重，无法查看金额，我不知道他存了多少钱。

当新加坡中央医院（SGH）的账单到来时，我发现总金额正好等于WS存入的金额。神真是奇妙而美妙的吗？祂早已知道，并提前提供了。

在我在新加坡中央医院（SGH）与血液科医生和传染病医生的会诊中，我只需支付一次会诊费用。两位医生都同意只收取一次费用。我认识到这是神恩典的体现。

"因为祢必赐福于义人，耶和华啊，祢必用恩惠如同盾牌四面护卫他。"-《诗篇》5：12

上帝一直是美好的！一切时候，上帝都是美好的！

在我生病期间，我的教会和朋友为我祷告。神引导许多人进入我的生活，为我做饭、买食物、陪伴我，甚至有一位基督教姐妹以更低的价格在柔佛购买了开药处方。我赞美主的肢体，教会的服务。他们的善行深深触动了我。我记得有一位姐妹给我发了一条鼓励的信息，敦促我专注于神的话语而不是我的身体症状。我开始每天阅读诗篇，让神的话语来安慰我并带来医治。

# 为什么是耶稣？

我从未在生命中经历过如此长时间的疾病。因此，我向主问道，为什么我已经痛苦了将近两个月。神透过话语对我说：

"不但如此，就是在患难中也是欢欢喜喜的。因为知道患难生忍耐，忍耐生老练，老练生盼望。" -《罗马书》5：3-4

我学到了坚忍的重要性，即使在痛苦中也要荣耀神。

所学到的功课：在这段艰难的旅程中，我学到了即使在苦难和不确定的时刻，神也与我同在。祂从不丢弃祂的儿女，祂的同在带来安慰和力量。我的信心受到了考验，但我发现神的信实始终如一。祂供应我一切的需要，无论是身体上还是财务上，并将我置身于一个充满信心的支持性社群中。我体验到祷告的力量，并亲眼见证了神在我生命中的医治之触。此外，我学到了即使在具有挑战性的环境中，顺从圣灵的感动的价值，因为这可能带来分享耶稣的爱和在他人生命中播下救赎之种的机会。我的受苦教导我坚忍、品格和盼望，现在我理解了即使在试炼中也要荣耀神的重要性。通过这一切，我更深刻地依靠神，知道祂始终与我同在，引导着我，并在灰烬中带来美丽。

匿名，马来西亚

神信实与供应的见证 #1

我们的神是信实而充满善良的。祂派遣圣灵在我在极度恐惧的时候安慰和鼓励我。今天，我想分享一个见证，展示了神在我们生命中不变的同在。这是一个提醒，无论我们的处境看似多么困难，神仍然对祂所爱的儿女信实并供应。

去年，我给母亲一个惊喜，她泪流满面的反应将永远铭刻在我的记忆中。然而，那时候我正面临财务困难，感到迷茫。尽管财务上有限，我渴望回家探望家人，决定回家。不幸的是，这个决定导致了信用卡债务的累积。

寻求神的引导：认识到我的错误，我悔改并请求神的宽恕。我开始信靠祂，知道祂会引导我度过前方的挑战。我提醒自己，神从未承诺过轻松或平坦的生活，但祂答应永远与我们同在。通过祷告、敬拜、读经和默想，我看到神一步一步地引领我回到正轨。

债务的救赎和丰盛：神无限的爱在2023年4月给了我清偿所有债务的机会。令我惊讶的是，我不仅成功清偿了债务，而且还有足够的资源进行令人兴奋的行程，去马来西亚、曼谷、新西兰甚至在6月再次回到马来西亚旅行。神的供应是丰盛而不可否认的。

相信神的应许：在3月和4月的月份里，神让我放心，不要担心儿子的学费，并鼓励我在6月继续在马来西亚进行祂的工作。

尽管混乱和困境逐渐来袭，我坚守着我的信心，深知神必会开路。祂是道路、真理和大能者。《希伯来书》11:6 提醒我们，没有信心就是不可能取悦神。

这是一个神迹：在我最近从墨尔本(Melbourne)的旅行回来后，我迫不及待地询问我的丈夫我们在马来西亚之行期间的支出。令人惊讶的是，他告诉我我们花费了近6000澳元，但我们的信用卡上却没有欠款。这让我感到困惑，思考这究竟是怎么回事。只能说这无疑是一个奇迹。

学习的功课：这个见证作为一个强有力的提醒，无论我们面对什么样的境遇，神始终在那里实现祂的应许。当我们顺服地遵循祂的指示时，祂就展示自己是一位充满供应的神。我们只需对祂的神圣计划有坚定的信心和信任。让这个见证激励我们将信心付诸实践，并记住神从不辜负祂所爱的儿女。

我很想与你分享的另一个见证：超出所有人预期的神奇治愈#2

在2022年3月，我经历了一次可怕的事故，给我造成了严重的精神和身体痛苦。在那一天，我试图做我丈夫最喜欢吃的菜之一，炸韩式年糕。我并不知道火被调到了最大，而在很短的时间内，年糕吸收了大量的热量。当我走近锅子要翻动年糕时，其中一些年糕突然爆裂，滚烫的油溅到了我的脖子和左前臂，造成了严重的烧伤。事发后，我立刻赶到附近的医疗中心寻求医疗帮助。

在初步评估中，医生告诉我烧伤相当严重，并开了一种强效止痛药来帮助我忍受疼痛。他还警告我，尽管有止痛药，但我在晚上很可能会感到很大的疼痛。回到家后，我跪在地上开始祷告和赞美。尽管我脖子的疼痛让我无法唱"哈利路亚"，但我决定哼唱一首赞美的歌曲旋律。在那一刻，我脑海中浮现了一段经文：《路加福音》9:1，"耶稣叫齐了十二个门徒，给他们能力、权柄制伏一切的鬼，医治各样的病"。

当我宣告和宣扬这段经文时，我意识到我可以开始唱歌并减轻很多疼痛。我继续唱歌，我的声音变得越来越响亮。我唱的歌是"平静如河"。奇迹般地，我在事故发生后仅仅两天就完全康复了。

这次经历让我学到的教训是坚定地信靠神直到最后。尽管疼痛难忍，充满不确定性，我选择求告神并赞美祂。

我在祂的话语中找到了平安，并坚信地宣告。通过对神的信靠，我见证了一场超乎期望的神奇医治。

总之，这个见证提醒我们，即使面对逆境，信靠神并寻求祂的安慰也能带来意想不到的祝福。

作者：Hillsong Church的Deborah Tan; 澳大利亚，维多利亚州

耶和华是我的牧者，我必不致缺乏

2015年，结婚才一年，生活的压力就开始压在我身上。

作为一对新婚夫妇，我和丈夫遇到了很多挑战。我们之间的分歧导致了无数的争执，并升级为我们之间日益增长的怨恨和敌意。当我的婚姻岌岌可危时，我的事业也让我漂泊不定。辞去全职工作后，我开始了婚礼造型师的自由职业生涯，却发现我的生意陷入困境，而我自己也陷入了不确定性之中。

在这个动荡的时期，我第一次开始经历焦虑症。不眠之夜和对孤独的恐惧使我窒息。我变得对声音过敏，很容易被噪音分散注意力，发现自己陷入了一个陌生的情感空间。每一天似乎都让我陷入无法逃避的悲伤之中。

紧随而来的是对焦虑症的诊断，加上激素失调带来的额外健康挑战。感觉就像我的世界正在崩溃一样。我的康复之路包括接受为期六个月的药物治疗，期间我不得不暂时远离工作，专注于康复。药物治疗的副作用是显著的。服用药物时，一种轻松的感觉会涌入我的脑海，给我所寻求的平静。然而，这是以妨碍我回忆许多过去事件的具体细节为代价的。此外，记住日常对话的复杂性是一种挑战，从而影响了我有效执行更复杂任务的能力。

在混乱中，一线希望浮现。紧紧依靠神对我自己和我的家庭的应许，我背诵了一篇自童年以来一直触动我的《诗篇》23：

"耶和华是我的牧者，我必不致缺乏。

祂使我躺卧在青草地上，领我在可安歇的水边。

祂使我的灵魂苏醒，为自己的名引导我走义路。"

在焦虑的时刻，眼中含泪，我会低声说："主啊，引领我到那些青草地和宁静的水边……" 一股平静的波澜会涌来。我感受到祂的同在，知道我站在我的君王和牧者的陪伴中。

在康复期间，我在播客中找到弥赛亚在十字架上为我完成的讲道而得到慰藉。我默想主如何在十字架上担负了我的重担和忧伤，通过祂的创伤，我们得到了医治（以赛亚书53:4-5）。在祂的话语中根基，我大胆宣告我的医治是确信无疑的，接受了这份恢复的礼物。

同时，我接受了一条新的道路，兼职担任儿童美术老师和花艺师。这些简单的角色给了我安慰，小小的胜利也鼓舞了我的斗志。尽管我的人生之旅出现了意想不到的转变，但我相信主最终会引领我走向那些青草地。在我担任兼职花艺师的三个月后，迎来了一次突破。我的雇主提出了一份全职工作的邀约，将我提升为新部门的创意顾问。

这是一个显著的转变，是我从未预见过的，我认识到只有神的干预和恩典才能带来这一切。

在我与丈夫的关系中，也正在发生一种深刻的转变。通过经常沉浸在福音中，我们发现在主恩的保护下，我们有力量拥抱彼此，包括所有的不完美。

随着我更深地沉浸在神的话语和祂温柔地赐给我的应许中，我的心理健康逐渐改善。在服药六个月后，我做出了一个坚定的选择，将我的完全康复托付给神，从而摆脱对药物的依赖。通过有系统的方法逐渐减少剂量，同时坚定地确认在十字架上完成的工作的有效性，令人惊讶的是，我发现自己能够越来越好地应对复杂的任务，有效地管理我的责任。反过来，这种新发现的能力不仅带来了应得的加薪，还促进了我与雇主和创意团队的紧密联系。

到了这个时候，我的药物治疗进行了六个月，我已经摆脱了对它的依赖。尽管在面临挑战时偶尔会出现一些悲伤的情绪，但我有一个强有力的应对方法。我会转向主，沉浸在敬拜中，通过聆听强调主完成工作的福音讲道来振奋我的精神。这个深奥的真理在我心中回响，成为我摆脱抑郁的催化剂。我深知在祂的话语中存在着巨大的力量。

八年迅速过去；我不再依赖任何药物。我的心理健康已经完全恢复。我的婚姻旅程并非一帆风顺，但有了主的应许，如"我一生一世必有恩惠、慈爱随着我"（诗篇23篇），我不再仅仅依赖有限的智慧与配偶沟通。在逆境和需要的时候，我转向我的主和救主，在祂的翅膀下寻求庇护（诗篇91篇）。在牧者的面前，我总是找到安息，随之而来的是受圣灵引导的行动。

多年来，我和我的丈夫发现了更好的沟通方式，使我们更加亲近。经历了许多挑战后，我们建立起比我们想象的更加坚韧的纽带。我们深深感谢主耶稣基督在我们生活中的神奇干预和对我们无尽的爱。如果没有主坚定的引导和祂安慰的同在，我今天就不会走到这一步。

作者：Emma Chong, New Creation Church; 新加坡

神圣的任命

是在1988年，我第一次接受耶稣为我的主和救主。我记得当我和其他几个人站在一起，做认罪的祈祷时，心中涌上温馨和美好的感觉。那是我与主同行的三十多年之始。主引导我，带领我从基督中的一个年幼的婴孩成长为耶稣的追随者，继续从内而外地改变着我。这个成长的过程充满了挑战和困难，但主总是忠实地扶持着我，有时在我感到无助和被打败的时候携我而过。

祂在我生命中所行的奇迹是如此真实且令人难以置信！回首往事，神总是掌控一切。祂安排我在新学校遇到了我的基督教朋友。我看到她充满热情地谈论耶稣。我从罗马天主教的背景中并不了解这样一个亲密的神。有一天，我参加了她教会的活动，在那里一位牧师发出邀请，让人们接受耶稣。那是我向耶稣献上我的生命的地方。

后来，当我获得JPA奖学金继续深造时，我从关丹（Kuantan）搬到吉隆坡（Kuala Lumpur）。在那里，我遇到了更多的基督教朋友，并能够参加教会。自从成为基督徒一个月以来，我经过长时间的祷告和思考后，给我母亲打了个电话告诉她我的信仰改变。我母亲对我进行了长时间的责骂，并威胁说要与我断绝关系。之后的两个星期里，我没有再给她打电话。我不知道神是如何奇迹般地通过我坚定的罗马天主教母亲和我在关丹（Kuantan）懒散的父亲的生活而引导他们接受耶稣基督为他们的救主！随后，我的兄弟们也接受了主耶稣基督为他们的救主。

神在我的生活中所行的其他奇迹是祂通过我的牧师安排了我与丈夫的相遇。令人惊讶的是，我的丈夫在几个星期前在教会安排的一场医治集会中看到了我，那时我是舞台上的助手之一。之后，他找不到我的踪迹，直到我的牧师给了他我的电话号码。显然，在我们见面之前，我的牧师一直为我们祷告。我们在1998年11月恋爱一年后结婚了。

接下来是我们迎接第一个孩子的漫长等待（六年）。在怀孕之前，我实际上信心十足地辞去了在新加坡MFRD SEAFDEC的工作，这让我的主管感到非常不满。在等待的期间，我有我的母亲和在基督里的姊妹们与我一起祈祷，希望我能怀孕。在这六年里，我每天早晨都安静心并参加了医治集会，还在中医诊所和妇产科医生那里求诊。

直到2004年2月的一个早晨，我在读《诗篇》113直到第9节时，那里写着神会使不生育的妇人安居乐子。整段经文在我眼前熠熠生辉，我的眼泪就像泉水一样涌出。我知道神应许我会有孩子，不只一个，而是孩子们。我立刻打电话给我的丈夫，告诉他神会赐福给我们有一个孩子。通过什么方式，我不知道，但神会成全。我将这一切都写在我的日记中，是对神的信心之举。果然，一个月后我怀孕了。

如今，我是三个孩子的母亲，分别是19岁、17岁和13岁。在这段时间里，我作为一名全职母亲的旅程充满了许多祈祷和对神的带领和引导的信任。《箴言》22:6 - 教养孩童，使他走当行的道，就是到老他也不偏离。

这节经文在我看到我的三个孩子如何在他们与神的关系中成长时是如此真实。我尽力通过祈祷、读经、背诵经文，并以我在主里的成长作为榜样，让他们接触与神相关的事物。

结束时，我想分享《以弗所书》3:20-21的经文：

"神能照着运行在我们心里的大力，充充足足地成就一切，超过我们所求所想的。但愿祂在教会中，并在基督耶稣里得着荣耀，直到世世代代，永永远远！阿门。"

作者：Esther Cheong；赞美教会，马来西亚新山

神圣的转变：从绝望到信心

我清晰地记得我的洗礼，那是在2014年的复活节，是和我一起庆祝的朋友们见证的欢乐场合。那时作为一个新信徒，我对神的奉献仍然是被动的。尽管我每个星期都一致地参加教会，但我的心灵仍然专注于世俗的欲望而不是神的国度。我的精力被追求个人抱负和职场阶梯所消耗。这种自我追求最终带我来到一个新的城市和一个令人向往的职业机会，充满了兴奋和宏伟的抱负。沿着这条道路，我开始了一段让我幸福的关系，使生活看起来是完美地组织起来。

然而，生活却出乎意料地转向，让我走上一条令人心碎的漩涡。放弃了我的事业，自己成了一个单亲妈妈，淹没在失落、羞耻、无助和心碎的情感中。在最黑暗的时刻，我甚至受到了结束生命的诱惑，准备透过公寓窗户跳下去。然而，一次幸运的干预让我停了下来——一座邻近的教堂建筑引起我的注意。就像是神的触摸抵达了我的心灵，引发了一阵眼泪。在那个脆弱的瞬间，我向神呼求帮助，这是我灵魂深处发出的哀求。

当我接近怀孕的最后阶段时，我的羊水在我独自一人入睡时破裂了。在恐惧的掌控下，意识到即将来临的分娩，我转向神祈祷，念着诗篇23:4的安慰之辞

"我虽然行过死荫的幽谷，也不怕遭害，因为你与我同在，你的杖、你的竿都安慰我。"

不可思议的是，一种包围性的平安笼罩着我，平静主宰了我整个分娩过程。

一个转折点出现了，一位富有同情心的女士邀请我去教堂参加聚会。令人惊讶的是，这个邀请是由我住的公寓对面的教堂发出的，这种汇合太巧合，不可能是简单的偶然。在那一刻，我豁然开朗；神正在策划这次邂逅，让我更加亲近祂。

在逆境的日子里，是神支撑着我。我坚定的锚地在《哥林多后书》12:9 中的话

"我的恩典够你用的，因为我的能力是在人的软弱上显得完全。"

在全球大流感的背景下，我的职业生涯出现了一个意想不到的机会——出现了一个董事职位。将我的生命交托给神不仅让我看到了祂的无处不在，而且也使我摆脱了破碎、恐惧和焦虑的困扰。

现在，每一个清晨都充满了感激和喜悦的心情，这是神创造的转变的体现。我不再依赖自己的努力，而是将我的生命交托给了神有能力的手中。正是这种坚定的信心驱使我与他人分享我的旅程，让他们也能够体验到神所提供的无尽喜乐。在《箴言》3:5-6的智慧中，我们被提醒道：

"你要专心仰赖耶和华，不可倚靠自己的聪明，6 在你一切所行的事上都要认定他，他必指引你的路。"

匿名，马来西亚

## 通过祈祷的疗愈：信心的见证

我想花点时间分享一个深深影响我的见证。在2016年6月底，我丈夫的工作要求我们搬到柔佛。搬迁后不久，大约在8月中旬，我开始经历令人不安的眩晕症状。

令人担心的是，我去了诊所并开始服药。不幸的是，我的状况没有改善，事实上随着时间的推移变得更糟。为了寻求进一步的医疗帮助，我咨询了一位耳鼻喉专科医生，他将我送入了医院。神经学家/内科医生也评估了我的状况，进行了各种测试，如血液测试、磁共振成像、心电图、X光和超声波。

令人惊讶的是，所有结果都是正常的，没有任何异常的迹象。尽管无法提供明确的诊断，神经学家让我出院，状况略有改善，将我的症状归因于某种形式的眩晕。为了获得第二意见，我咨询了我的全科医生推荐的另一位医生，这导致了额外的药物治疗，我们探讨了我康复的每一种可能的途径。

一周后，一位多年的朋友在访问时发生了一起令人恐惧的事件。在短短两个小时内，我经历了六次晕倒。她感到震惊，指示我的女儿立即叫我丈夫寻求医疗帮助。我再次发现自己回到医院，希望能找到答案。

然而，尽管经过彻底的检查，医生们仍然无法确定我的症状的根本原因。

甚至连耳鼻喉专科医生也排除了内耳不平衡的可能原因。相反，他建议进行睡眠研究（结果明显），并建议我看一位专门进行手术干预的医生。这导致了更多药物的使用，进一步使我的状况复杂化。

在这个艰难的时期，一些朋友建议我的病症可能有一部分是属灵的成分。起初，我对他们的建议不以为然，但他们的坚持使我开始考虑这种可能性。这促使我根据朋友的建议在新加坡的伊丽莎白山医（Mount Elizabeth Hospital）院寻求治疗。与以前的经历类似，我接受了心脏、耳鼻喉和神经科专家的评估。由于症状的严重性，我被送入了高度依赖单位（HDU）作为一项预防措施。随之而来的是更多的测试，包括脑电图（扫描脑电波）和CT扫描。令我惊讶的是，其中一位神经科医生甚至怀疑有癫痫发作或癫痫的可能性。

尽管进行了广泛的医学检查，但科学解释并没有为我的病情提供明确的答案，留下了许多模糊的地方。我去了三家不同的医院，咨询了三组不同的医生，并接受了许多测试，如MRI、X射线、心电图、CT扫描、脑电图和血液测试。然而，所有的结果都没有显示出潜在问题的迹象。每次，我都在病情略有改善但需要额外的药物的情况下出院。然而，即使在家里，我仍然经历头晕、晕厥和在坐下时摔倒，有时一天可能多次。对此，我也感谢神，每当发生这种情况时，我都不在楼梯上，在房子里走来走去，甚至不在淋浴时。有时，我会问："嗨啰神，祢在吗？"

"祢在看着我吗？" 因此，当祂向我展示了一位守护天使时，我就不会感到沮丧。我时刻感到有一位大天使在保护着我。

由于我无法改变这种状况，我们将这些症状归因于最近搬迁和我们正在经历的过渡时期的压力。或者是科学无法解释的一种医学状况。

在不确定的时刻，我在我的信仰中找到了平安。这让我想起了《诗篇》3:5-6中的话："我躺下睡觉，我醒着，耶和华都保佑我。虽有成万的百姓来周围攻击我，我也不怕。。"在整个旅程中，神一直是我的扶持者和保护者。归荣耀归给祂，因为没有人能为这次奇迹般的医治而自夸。

接着，在一个星期天的早晨，即10月9日，我和我的丈夫参加了新加坡巴耶利巴（Paya Lebar）卫理公会教堂的崇拜。应来自英国的朋友的请求，Irene牧师为我的医治祷告。巧合的是，我们从英国来的朋友 Maggi, John, Suzie, Quek, Belle 和 MP 那天也在场。

在Irene牧师祷告的那一刻，我感到头脑立刻清晰。沉重感和头痛消失了，自从那次祷告以来，我再也没有经历过任何头晕或晕倒的情况。事实上，尽管我被建议等到10月24日的复查之前再恢复驾驶，我在10月13日已经重新开始驾驶。我还联系了我的医生，讨论在复查之前减少药物的事宜。一切荣耀归于神，感谢祂在我生命中所行的非凡工作！

整个经历教了我一个宝贵的教训——神的能力超越了医学科学的局限。当面对无法解释的情况时，寻求神的干预并对祂的计划抱有信心是至关重要的。我的经历提醒我们，通过祷告和信心，令人瞩目的医治和恢复是可能的。愿我们在需求时都能鼓励自己转向神，见证祂在我们生活中的奇迹般作为。

感谢你耐心阅读这长篇的分享。愿神丰富地祝福你们每一位。

"你要专心仰赖耶和华，不可倚靠自己的聪明，在你一切所行的事上都要认定祂，祂必指引你的路。" - 箴言 3：5-6

作者：Karyn L Chua, Kingdomcity Church; 澳大利亚西部

被神选中并踏上未知之旅#1

"不是你们拣选了我，是我拣选了你们，并且分派你们去结果子，叫你们的果子常存，使你们奉我的名无论向父求什么，祂就赐给你们" - 约翰福音 15：16

我是一位马来西亚华裔，成长在一个破粹、崇拜偶像的家庭中。我的父亲有了外遇，导致我母亲的婚姻破裂，她因此患上了精神疾病。尽管面临重重困难，但是母亲的爱抚养着我和我的兄弟姐妹。由于家境贫困，在高中时我无法购买肉类。我学会使用弹弓猎鸟或捕松鼠来解

决温饱问题。家里没有煤气,所以我们得从森林里采集干枝当做柴火。

至于崇拜,我崇拜各种各样的神明,但从未崇拜过耶稣。自小,母亲带我去庙里向菩萨祈祷。她给我取名为"观祥"。即使我今天成为了一名牧师,乡下的人们仍然用那个名字称呼我。在朋友之间,我还学会了邀请邪灵进入我的身体的做法,但是一直都没有成功。香烟灼伤了我的皮肤,留下了一些疤痕。

21岁那年,我跟随一个朋友去新加坡从事建筑工作。我白天挣钱,晚上上电子技术课程。建筑行业很艰苦,特别是在新加坡爬上爬下高楼极为危险。

在武吉班让(Bukit Panjang)我租了一间房子,有时当我打开窗户时,我会看到对面房子的一个可爱女孩。

当时我并不知道,她是基督徒。有一天,她的弟弟递给我一张表格,邀请我参加他们教会的青年营。我想这是我追求她的机会,于是我请了几天假参加了他们的教会营。

说实话,我参与的初衷并不是为了找耶稣,而是为了找女朋友,特别是那位我经常透过窗户欣赏的漂亮女孩。在我第一次参加教会营时,我发现那里的人都非常友好。作为一名年轻的马来西亚人,我的皮肤被强烈的阳光晒得很黑,而那个时候(1977年),喇叭裤和长发正流行。我甚至在钱包里放了一个爱情护身符!但没有人瞧不起我或让我感到尴尬；那几天让我感到被接纳和爱。

不仅如此，教会的赞美诗吸引了我，基督徒的见证感动了我，最重要的是，Hu Minqi牧师的讲道点亮了我，一个典型的罪人。当牧师呼吁那些尚未接受基督的年轻人举手决定时，我苦苦挣扎了一两天。在第三天，也是最后一天，我终于举起手表达对基督的信心。我知道我参加营会的动机并不纯粹，但神的爱大于我的缺点。祂选择了我成为祂的儿女（约翰福音1:12）。

请允许我分享接受基督后我生活中的一些变化：

我戒烟、戒酒、戒赌。我不再去夜总会或和舞女跳舞。

我停止使用粗话。

我接受了圣灵的降临，取代了曾经寄宿在我里面的邪灵。我体验到了真正的平安和喜乐。

我喜欢参加各种聚会，敬拜那位圣洁、至高、全能的神。

神的爱感动了我，激发我与他人分享福音。

以前，我在赌博中失去了很多钱，但接受基督后，我明智地利用了我有限的资源。

资深牧师给予我们指导,并给予我们在教会活动中服侍的机会,比如儿童主日学。

以前,我忽视了我的母亲,但在接受基督后,我履行了孝道,关心和爱她。

在人际关系方面,牧师劝导我努力工作并储蓄钱财。那位姐妹仍在上高中,因此对她的学业的影响是不适当的。

主在我内心的呼召变得越来越清晰,让我感到祂正在呼召我全职事奉。

信心与奉献之旅:服侍神和社区 #2

1977年至1981年:呼召与确认

在圣灵下重生后,我的生活发生了明显的变化。在主任牧师的指导和培育下,我开始属灵灵修、儿童主日学、团契、敬拜、财务奉献、培训、散发传单以及通过传福音来见证主。主为我准备了四年的全职事奉,我内心涌现出全心全意跟随主的强烈愿望。当时,我在裕廊(Jurong)担任空调技术员,我深切关心同事们的灵魂,引领他们来到教会与主相遇。1981年的一个晚上,我经历了主的呼召。无法入睡,我在灵修时翻开《以赛亚书》53:1-12,主的灵透过这段经文对我说话。那个晚上的几个小时里,我深受感动,不断流泪祷告,将自己献给主使用。主日崇拜后,我告诉了牧师，他回应说他也一直想问我关于全职事奉的意愿。作为一名马来西亚人，牧师安排我在吉隆坡（Kuala Lumpur）的马来西亚圣经学院（Malaysia Bible Seminary）接受全职事奉的装备。

## 1982年至1987年：神学训练和终生伴侣

由于贫困的环境，我没有完成高中5，但这是神学院的基本要求。学院院长Tan Soon Theng博士录取我为试用期学生。由于我有限的先前教育和我上一回上学的事已经过了很久，神学的学习对我来说是极具挑战性的。阅读任务、论文和其他要求让我感到畏缩，我曾考虑放弃。

然而，主《以哥林多后书》12:9-10 安慰了我，向我保证祂的恩典足够我使用，祂的能力会在我的软弱中帮助我。感谢主，在经过四年的努力学习和在教会进行实际培训后，我顺利从神学院毕业。我在24岁时进入神学院，28岁时以神学证书的荣誉毕业。在我读到第三年时，也就是27岁时，我遇到了我的现任配偶，Huang Meigui牧师。她在1984年入学，尽管她较深的皮肤类似于山区土著人，但她是一位美丽的年轻女士。我感谢主将她赐给我，成为我终身事奉的伴侣和一个贤良的内助。

## 1987-2023：宣教工作、婚姻、教堂购置、按立、深造、社区外展以及马来西亚北部宣教事工。

在1987年神学院毕业后，我回到新加坡的母教会，在担任牧师的同时表达对我所属的母教会——C.G.M.（Christian Gospel Mission）的感激之情。

1987年7月，主引导我返回马来西亚柔佛州，具体地说是在马来西亚西部南部的古来（Kulai）市，我在那里创立了一座教会，现在被称为K.V.C（Kulai Vision Church）。我是由J.V.C（Johor Bahru Vision Church）派遣出去的一位传教士。

1988年1月9日，我与Meigui牧师结婚，上帝与我们同在。古来异象教会（Kulai Vision Church）的信徒人数增加，教会购置了一座建筑。我被按立为牧师，上帝赐福给我们三个孩子，一个女儿和两个儿子。每六年，我们都有一年的薪水休假，所以主耶稣为我们提供了进修的机会，从神学证书和文凭到牧师事工的学士学位和硕士学位。

有些人劝告我不要前往马来西亚西部南部的古来（Kulai）市从事传教工作，称那里的人民顽固，难以转变为基督教信仰。

然而，在前往之前，主赐给了我《哥林多后书》5的一节经文：

"因我们行事为人是凭着信心，不是凭着眼见。"- 哥林多后书 5:7

我感谢主，这些年来不仅有更多的人相信基督，而且至少有十名年轻人投身全职事奉。一切荣耀归于神，因为我们只是祂的工人，没有祂的恩典，我们将一事无成。

从2005年到2023年，主赐给我们一个异象，开始了古来儿童之家（Kulai Children's Home），我们能够照顾来自破碎家庭的孤儿和贫困儿童。从最初的一个孤儿开始，现在我们的家中大约有30名孩子，还有一支专注的协助团队。

"神在祂的圣所做孤儿的父，做寡妇的申冤者。" - 诗篇68：5

我们的天父是孤儿和寡妇的神，祂爱护他们。有三位孩子有机会上大学。我们感谢Belle姐妹及其丈夫的支持，也感谢Karyn L Chua姐妹及其丈夫帮助我们购置了一个公寓楼供儿童之家使用，并为我们的协助团队和孤儿提供住所。我们祈求主会为他们在主名下所做的美好事工而赐福于他们，一切荣耀归于神。

从向霹雳州的Gerik提供食物到传教工作，主是忠信且丰富的，正如《马太福音》6:33所应许的："你们要先求祂的国和祂的义，这些东西都要加给你们了。"我们听到了来自遥远地方对食物之呼声，我和我的妻子驱车从古来（Kulai）到霹雳州的Gerik，这是一段需要8-10小时的车程，将儿童之家多余的食物分享给马来西亚北部山区的土著人。

后来，神引领我们开始与那里的少数华人居民分享福音。从2019年到2023年，我们安排了每两个月一次的Gerik短期宣教之行。感谢主，在疫情前后，这项扶贫和传教工作从未停止。主应许说，祂一旦开启了一扇门，就没有人能关闭。

因此，我的旅程见证了我坚定不移的信心和全职事奉的奉献。在1981年，我经历了深刻的呼召，使我全心全意地事奉主。尽管面临着教育上的挑战，我追求了神学训练，并遇到了我终身的搭档，Huang Meigui牧师。我们一同踏上了马来西亚古来（Kulai）的使命，那里我们创立了一所教会，照顾孤儿，并进行社区外展工作。

一切荣耀归于祂的恩典，《路加福音》17:10 提醒我们：

"这样，你们做完了一切所吩咐的，只当说：'我们是无用的仆人，所做的本是我们应分做的。'"

作者：Chong主任牧师；Kulai Vision Church；马来西亚古来

信心与救赎的故事：从绝望到神圣干预的旅程

我的名字是Huang Yanping，来自柔佛州永平（Yong Ping）。我是家中的长女，有两个比我年轻6-7岁的弟弟。我的父亲是本地人，而我母亲是印尼华人。在我相信基督之前，我经历了我生命中的三个低谷。从我有记忆的年纪，大约5岁左右，我的父母经常争吵。我的父亲沉迷于酗酒和赌博，经常在喝醉时对我发火，用拐杖打我。我过着不断被殴打和责骂的生活，知道每当他喝酒时，我就注定会在那一天挨打。他也沉迷于赌博，尤其是在我8岁的时候。

在那个时候，我母亲无法忍受我父亲的脾气而离家，她的下落成谜。我父亲情感受创，酗酒更加严重，挥霍了家庭曾经拥有的舒适资产。当我母亲离开我时，我感到深深地受伤和悲伤。看着我父亲的衰败，我感到迷失，对我的未来充满不确定感。那是我生命中的第一个低谷。

在我9岁的时候，我们家破产了，房子也被拿走了。为了逃避，我父亲把我和我的两个弟弟托付给了两个不同的照顾者。我的照顾者家庭经营着一家小吃摊生意。每天放学后，我会在下午2点回家，洗个澡，做家务，然后在下午3:30去摊位帮忙。我在那里的任务包括泡茶、打包食物、扫地、洗杯子和挑选蔬菜。有时，由于要关摊子，我直到凌晨1点才能回家。在那段时间里，我的成绩受到了严重影响，因为很难同时兼顾工作和学业。

在周末，我必须帮忙晾晒衣服；他们家有六口人，再加上我，我必须独自完成七套衣服的晾晒。我经常因为慢，尤其是在处理更重的成人衣物时而被骂。直到我小学六年级，我一直都背负着依赖他人的重担。我几乎要放弃自己了。我父亲不要我，我母亲也不要我。我羡慕我的同学，他们有幸福的家庭，不像我一样需要辛勤劳动。我感到自卑和孤立，觉得自己不属于他们的世界。这是我生命中的第二个低谷。

在六年级时，我父亲患上了肾病和抑郁症，需要药物来帮助入睡。具有讽刺意味的是，这种情况将我和我的弟弟们重新团聚在一起。那时的生活非常艰难。我们四个人住在一座店屋楼上的一个小房间里，有时候只能吃些白米配酱油和鸡蛋。在政府的援助下，我们的生活条件有了一些改善。当我13岁时，我和我的弟弟们开始参加教会，认识了主耶稣基督。然而，我的信仰基础还不够稳固。就在我以为艰难的日子已经过去时，我父亲重新开始赌博，并因病无法偿还的债务不断的累积。我最终在一位朋友的餐馆工作，帮助偿还债务，一路上忍受着流言蜚语。那时我对我的父母都感到厌恶。我们之间没有温暖，我觉得自己生来就是为了偿还债务，因为他们没有给我一个完整的家庭，却给了我这么多的痛苦。我觉得在别人面前失去了自由和尊严。我在15岁时达到了生命的最低点。

有一天，我父亲接我下班，告诉我他感觉不舒服。他呼吸困难，这种情况以前发生过，导致他入院。我催促他去医院，但他坚持说他没事，叫我好好休息。

筋疲力尽，我上床睡觉。大约凌晨3点，他叫醒了我，说他无法呼吸。我叫了拼车服务，因为救护车需要一段时间才能赶到。

在我们去医院的途中，他的呼吸恶化了。在去医院的半路上，他在我肩膀上离世了。我的脑子一片空白。直到我们到达急诊室，我才抑制不住眼泪。司机很善良，没有向我收费。医生告诉我，我父亲无法挽救了。我感到完全无助。那时是凌晨4点，所有人都在睡觉，我不知道该联系谁。

在恍惚中，我搜索了我父亲的联系人，找到了一个叫Penny的志愿者。我不太记得她是谁，但我记得她之前曾经帮助过我们。我相信这是神的引导。她接听了电话，了解了情况，毫不犹豫地赶往医院。我永远不会忘记她下车后做的第一件事——她紧紧地拥抱了我，并帮助我处理了一切。安排好一切之后，她安排我和弟弟们住在一所儿童之家，在那里我遇到了这个美好的家庭和Rose牧师。

起初，我抵制着，感觉好像从一个牢笼走进了另一个。我并不知道，这所儿童之家将成为我生命中的一个转折点。在这里，我加深了与主耶稣基督的关系，接受了洗礼，并接受了许多圣经的培训。

Rose牧师全心全意地投入到我身上。每当我需要额外的课程时，她都会迅速为我安排，提供我父母从未为我准备过的东西。我感激自己没有辜负那些帮助过我的人。我在SPM考试中取得了令人满意的成绩，现在我正在一所很好的大学就读。

我想表达的是神从未离开我。祂以显而易见和隐秘的方式出现在我的生活中，派遣了许多天使。在过去看似诅咒的事情在基督里变成了祝福，因为

"我们晓得万事都互相效力，叫爱神的人得益处，就是按祂旨意被召的人。" - 罗马书8：28

我们的神是慈爱和忠诚的，关心祂的儿女，永不抛弃他们。虽然我经历过许多艰辛，心中也充满了苦涩和怨恨，但我现在相信...

"若有人在基督里，他就是新造的人，旧事已过，都变成新的了。" - 哥林多后书5：17

作者：Huang Yanping；Kulai Vision Church;马来西亚古来

战胜艰难：信心与毅力之旅

我们作为一对夫妇的生活是我们持久信心和在面对众多挑战时坚定决心的明证。

新的开始与意料之外的挑战

在90年代末，作为新婚夫妇，我们踏上了一个充满梦想和对未来充满希望的旅程。然而，生活有着不同的计划。我们购买第一套房子时的喜悦与亚洲金融危机的爆发同时发生。在经济动荡中，1997年，我妻子经历了怀有我们第一个孩子的艰难孕期，使她卧床不起，给

我们年轻的家庭增添了情感和经济的压力。就在我们觉得情况不能更糟时，我失业了。我们陷入了一场完美风暴：新的家，一次复杂的怀孕，一个不断壮大的家庭，以及财务不稳定。怀着坚定的决心，我抓住了一次在中国苏州（Suzhou）的工作机会，神的恩典引导我们度过了这个艰难的时期。

应对文化转变和职业挑战

我们的旅程引领我们穿越各个中国的城市，每一个都呈现出独特的文化和职业障碍。对孩子教育的担忧引导我们在2002年回到新加坡，在那里，公司在禽流感大流行期间提供了一次搬迁，这个决定我们归功于神的引导。在一个要求我几乎24/7专注于工作的紧张工作环境中，我对家庭和信仰的承诺受到了考验。尽管面临重重困难，我们选择依靠神的供应，促使我辞去了工作。通过神的供应并归荣耀于祂，我们在2004年初回到了苏州（Suzhou）。

职场挑战与神圣干预

在一家新公司，我面对了错综复杂的职场动态，从偏袒到腐败，最终导致我离开。然而，神的信实却战胜了一切。在与我以前的雇主重新建立联系后，我获得了在中国重建他们工程部门的机会。尽管面临诸多挑战，我坚持不懈，以神为我指引的明灯，穿越职业的迷宫。

拥抱改变和寻找新道路

在2008年开启了新篇章，另一家工厂在昆山（Kunshan）成立，两年后我们感受到前往澳大利亚（Australia）的呼唤。尽管尝试了各种途径，最终被珀斯（Perth）的一所大学录取成为我们的希望之光。相信神有一项计划，我完成了我的学业。然而，机会似乎难以捉摸，每一个转角都是未知的障碍。一家以前的公司与我联系，提出让我回去，在珠海（Zhuhai）建立他们的新工厂。怀着信心，我于2013年回到中国，为建设这家新工厂做出贡献。

当珠海（ZhuHai）工厂建成并且我儿子达到新加坡公民的义务兵役年龄时，神提供了一个职位，我于2016年被调回马来西亚。这一举动使我们更加靠近我儿子和我年迈的婆婆，现在已经80多岁。神的恩典让我妻子和婆婆在她2017年归主之前能够与她有更多的时间在一起。2018年，工厂发生了一起工业事故，导致我被裁员，标志着我与公司的危机的开始。

在危机中寻找力量

失业是一个沉重的打击，然而，它标志着一个转折点。在逆境面前，我们转向了我们对基督的信心和我所属的家庭小组。

神的恩典成为我们的指引之力，给予我们坚定的力量和韧性。与此同时，在大流感期间，神的希望出现了，我妻子在25年离开澳大利亚（Australia）后成功恢复了她的永久居留权。

在我们踏上这条新道路时，我们将信心放在祂神圣的计划中，理解每一次的考验都塑造了我们成为今天坚韧的个体。在每一次挑战中，我们都感受到神坚定的存在，塑造着我们的旅程，并赋予宝贵的信心、毅力和希望的教训。我们的故事不仅仅是一段经历考验的故事；它是信心战胜逆境的有力证明，提醒我们即使在最黑暗的时刻，信心之光可以引导我们走向胜利。

"1 做神和主耶稣基督仆人的雅各，请散住十二个支派之人的安！2 我的弟兄们，你们落在百般试炼中，都要以为大喜乐，3 因为知道，你们的信心经过试验就生忍耐。4 但忍耐也当成功，使你们成全、完备，毫无缺欠。5 你们中间若有缺少智慧的，应当求那厚赐于众人也不斥责人的神，主就必赐给他。" - 雅各书 1：1-5

作者：Edmond Chua; KingdomCity Church; 西澳大利亚。

昨天、今天和永远的神：神的良善

即使在我们年老时，当头发变白，生活似乎变慢时，神通过《以赛亚书》46:4向我们保证说：

"直到你们年老，我仍这样；直到你们发白，我仍怀揣。我已造做，也必保抱；我必怀抱，也必拯救。"

在这些话语中，我们在神坚定的信实中找到安慰。祂的存在无边无际。祂靠近我们中间的脆弱者，无论他们是年轻人还是年老者，是男性还是女性，面临不利或任何挑战。这个承诺很明确：祂永远不会抛弃我们，根据祂神圣的旨意和目的供应我们一切所需。在试炼之时，我们被呼召要归降和信靠，因为在每一刻，神都在那里，引导我们度过生活的曲折。

我最近在一段深刻的悲痛时期体验到了神持续力量的深度。仅仅在六个月前，与我近50年的丈夫告别了这个世界，回到了他的造物主那里。在我的悲伤中，神提醒我祂作为我的永恒伴侣。《以赛亚书》54:5成为安慰的指引：

"因为造你的是你的丈夫，万军之耶和华是祂的名；救赎你的是以色列的圣者，祂必称为全地之神。"

这一章，充满智慧，对我来说变得更有意义。它在第17节中以强大的应许结尾：

"凡为攻击你造成的器械，必不利用；凡在审判时兴起用舌攻击你的，你必定他为有罪。这是耶和华仆人的产业，是他们从我所得的义。"这是耶和华说的。"

神作为脆弱者的保护者和供应者的角色贯穿整篇诗篇：

"神在祂的圣所做孤儿的父，做寡妇的申冤者。"- 诗篇 68：5

在我痛苦的时候，我问道："神希望通过我来支持那些正在经历艰难时期的人？"毫无疑问，在我人生的新篇章中，祂对我有一个目的。但那是什么呢？

在亲爱的朋友们邀请我参加为期一个月的以色列和英国之行时，我寻求神的指引。我需要听从主的声音。在祈祷和子女的支持下，我踏上了这段旅程。在以色列，在原本将是我们50周年结婚纪念日的日子里，神通过其他信徒的口中说话，确认了祂对我新季节的计划。预言性的话语响彻而出，与神早在这次旅行之前对我的灵魂轻声耳语的内容一致。

特别是，一位印度尼西亚牧师的话让我感到共鸣："主正在带走忧伤的灵，并给你喜乐和平安的膏油。"这些确认不是孤立的；它们回应了《以赛亚书》26:3-4的真理：

"坚心倚赖祢的，祢必保守他十分平安，因为他倚靠祢。你们当倚靠耶和华，直到永远，因为耶和华是永久的磐石。"

神是如此的美好，当我们真诚地向祂寻求时，祂永远不会让我们失望！我在一个月内得到了三次确认，还有更多的会继续到来。赞美主。

在整个旅程中，我最喜欢的歌曲《上帝的良善》（The Goodness of God）成为了我的国歌。歌词深深触动了我的心："主啊，我爱祢，祢的慈爱永不离弃我。在祢手中，我度过了我的一生……我认识祢作为父，我认识祢作为朋友，我一直生活在神的良善里。祢的良善追逐着我，一直追逐着我……"

在面对失落和不确定性时，神的良善卓越无比。祂的存在和应许支撑着我们，引导我们走过每一步。当我反思这些深刻的经历时，我想起神的信实无边无际。在悲伤和喜悦中，祂的爱始终如一，是希望的灯塔和无尽力量的源泉。

作者：Margaret Varughese；KingdomCity Church；西澳大利亚

从黑暗到救赎：自杀以解脱

2017 年，也就是 12 年级的时候，我开始出现心理健康问题。我开始感到惊恐并退出社交场合。我开始情绪低落，并努力在所做的任何事情中寻找乐趣。我开始睡得更多，很少离开家。三月份，我开始服用抗抑郁药来缓解情绪低落；然而，情况并没有好转。六月，我经历了第一次危机，当时我向我的顾问展示了一些我计划用来结束生命的药物。

她带我去了急诊科，在那里我接受了连串的询问，出院，并在当晚被转诊到了门诊诊所。接下来的几个月看起来像是每周都有医生和精神科医生的预约。直到八月，当我再次陷入危机时，我再次前往急诊科。在几个小时内，他们将我收入了青少年心理健康病房，我在那里度过了接下来的两个星期。

在这段时间里，我被诊断为情绪不稳人格障碍、广泛性焦虑和重度抑郁症。在心理健康病房里，我再次尝试结束自己的生命，并开始采取自毁行为来应对我的情绪。

在我逗留期间，我父亲认为让我搬到布里斯班（Brisbane）与我姑姑一起生活会有益。由于我完全陷入了回避行为中，我同意了，辍学了12年级，收拾行李，飞到了布里斯班（Brisbane）。

那段时间没有持续多久，因为即便在另一个州，我姑姑也无法应对我仍然存在的问题，于是我又回到了珀斯（Perth）。当我降落时，我匆忙回到了心理健康病房，我在那里又度过了额外的三个星期。

在接下来的几个月里，我经常因危机而进出精神病房，总是做些危及生命的事情。

在2018年的2月，我迈出了一个大胆的步伐，向学校提出能否重读12年级。他们同意了，我开始和我之前所在年级的学生一起学习。那是一个艰难的一年，很多日子都是在家中度过的，但我的目标只是完成12年级。

那一年的六月，我之前曾是患者的心理健康病房解释说他们不能再为我提供治疗。我妈妈和我开始寻找其他地方。在精神病房待了一天后，由于其他患者让我感到太过不安，我离开了。我来到了一家私立的精神病医院。

在这里，我花了八个星期接受每日的治疗和药物调整。我最终顺利毕业于那一年的12年级（巨大的胜利！）

在2019年，我花了很多时间在心理病房，被诊断为双相情感障碍2型（bipolar type 2），并开始接受情绪稳定药物和锂治疗（lithium）。我开始接受电抽搐疗法（ECT）和经颅磁刺激（TMS）治疗；然而，这些治疗效果越差，我接受的疗程就越多，导致了记忆丧失和认知问题。

然而，当时我感到绝望。

到了2020年，情况变得更糟，因为我之前的精神科医生表示我患有难以治疗的抑郁症，要么就会死亡，要么就得终身依赖药物。我妈妈表示这不是她女儿的命运，于是我们去找了一位新的精神科医生。

我妈妈给几家心理健康机构打了电话，但因为我被认为是一个难以对付的患者，很多机构拒绝接收这样一个高风险的客户。

最终，一位精神科医生接受了我，第一次会诊后，他将我送入了精神病医院。然而，我偷偷携带了一个锐利的物体，一旦我独自一人，我试图结束自己的生命。这导致整个设施被封锁，并且救护车被叫来接我。当我醒来时，我不知道自己在哪个医院。

我被留在一间心理健康观察服所里，身上一无所有，甚至没有我的衣服或手机。我被拒绝返回心理病房。精神科医生有权将我送到另一个心理病房，我很快就被接收了进去。

这个病房给了我希望，我花了两个星期进行治疗，我的精神健康有所好转。然而，有一天晚上我情绪低落，在被拒绝提供镇定药物后，我逃离了病房，偷偷溜出去，请求一名清洁工人让我出去，然后跑去结束自己的生命。几个小时后，我被警察和我妈妈在一个巷子里发现，身体状况很糟糕。

我被带到急诊室接受治疗。再一次，我被拒绝进入另一家精神病医院，精神科医生不得不解除对我的治疗，因为他再也无法允许我获得住院的权利。接下来的几个星期一片模糊，我开始酗酒并与错误的人群交往。

有一个晚上，我驾车去了多家药店，购买了所有我能找到的药物。我发现自己站在码头上，再次试图结束自己的生命。那是很可怕的。在打电话给生命热线告诉他们这个码头上会有一个死去的人（我不想让晨间散步的人发现我），

他们通过我的档案和历史找到了我的位置，并能够联系到我妈妈，她找到了我。她开车送我去急诊室，在

那里我被插入NG管，并被注入解毒剂。一旦我经过医学检查，我就被转移到了一个州精神病锁定病房。就是在这里，我试图逃离，被纳入了精神卫生法（Mental Health Act）。我不停地哭泣，整整24小时都没有离开床。

我感到如此失控，迷失，孤独和绝望。珀斯（Perth）没有人愿意帮助我，也没有人相信我能得到帮助。就是在这个没有隐私和门把手的非常单调的房间里，我向耶稣呼求。我写下了这些话："我的心真的很痛。我心碎了，我被隔离了。我甚至不知道该怎么告诉人们，每次想到这件事我都想哭，因为对我来说，这是如此低谷。我的谷底已经触底。这是我成长、茁壮和追求稳定、健康和平静生活的表面。

"谷底是我重新建设生活的坚实基础。让我们一起努力，Heleema，全力以赴康复，全力以赴追随耶稣。你能行的，我准备好了。"

从那里开始，我开始向上爬。虽然缓慢但稳定。精神卫生法（Mental Health Act）被解除，我回到了私立病房，我再次看到了希望。我停止了自残，加入了一个教堂，开始了学业。六个月后，我已经自己断药，真正感到自由。现在，我不再认同我曾经有过的任何诊断。我再也不会有伤害自己的念头。

以下是在我旅程中真正帮助我的一些简单的事情：

真诚的社群

我要感谢那些一直支持我的人，尤其是我的母亲和我的教会社群。当我回到教会时，一些美好的人进入了我的生活。他们真心关心，伸出援手，不厌其烦地为我祈祷。我决定把KingdomCity作为我的教会，走出我的舒适区。我加入了年轻成年人社群，参加了周中聚会，并与一群人建立了联系。经过长时间的寻找，我终于找到了我的归属和我的人。

敢于表现脆弱

《腓立比书》1:14对我来说已经成为珍贵的经文：

"并且那在主里的弟兄，多半因我受的捆锁就笃信不疑，越发放胆传神的道，无所惧怕。"

脆弱并不是我的自然状态，但知道我的见证会增强其他人的信心，激励我分享神在我的生命中美好的作为。我在KingdomCity的新年除夕祈祷赞美聚会上分享了我的故事，被爱和感激所淹没。

寻求上帝的拥抱

真正的改变发生在我完全投降给我天父的时候，邀请祂进入我生命的方方面面——我的灵魂和我的思维。

祂用爱拥抱了我，恢复了我的完整。我不再听从那些负面的声音，也拒绝让敌人试图夺走我的平安和喜乐。

## 帮助他人，治愈自己

去年中期，我感到被呼召去指导下一代，成为了一名青年领袖。一开始，由于过去的挣扎，我感到不足和不值得。然而，在与青年牧师的一次对话中，我听到了一个关键的信息："神会在改变你的同时使用你。"尽管我仍在服药并定期接受支持，我开始在星期五与一群杰出的年轻人一起服侍。将焦点从我的问题和感受转移到他们身上带来了更大的目标感。

## 寻找真正的身份

随着时间的推移，我意识到我不仅仅是过去的标签和情感。我摆脱了诊断，停止了药物治疗，消除了自杀的念头和自残的冲动。我让羞耻和谴责沉默下来，转向神和祂的话语，重新发现我的真正自我并从内心得到痊愈。

## 拥抱充满希望的未来

当我从12年级毕业时，我的校长对我说了《耶利米书》29:11：

"我知道我向你们所怀的意念是赐平安的意念，不是降灾祸的意念，要叫你们末后有指望。"

我理解到这节经文的深刻意义，神从不打算让我受苦。祂的终极计划是让我茁壮成长。

尽管有痛苦和压倒性的情绪，我找到了喜乐、平安，最终找到了祂。

作者： Heleema Rawlings；KingdomCity Church；西澳大利亚

已获得马来西亚新山赞美教会的主任牧师 Michael Yeo 提供的个人见证的许可：

https://youtube.com/playlist?list=PLl2l71p27lP-DT-Qh_ EMBNjpiiCsKkE0p4

YouTube上Don Moen的敬拜歌曲

https://youtu.be/Guxfbxjx-nI?si=9Og8ujS744RKF4RV https://www.youtube.com/watch?v=oA1X-Z6aVf2U https://youtu.be/7HDokgPLEQI?si=BbubuIPHsDXjFX4_ https://youtu.be/NjOGX5zT8KU?si=zdOA92cl4LvUYOYC

https://youtu.be/OMtoTdpFBJs?si=5USbTMUOh1vX-ngnShttps:// youtu.be/OMtoTdpFBJs?si=5USbTMU-Oh1vXngnS

https://youtu.be/WZBOSfiH8Rk?si=mZ0pFbSfYI7Ksjcz https://youtu.be/TmEYeZB8dDI?si=VmpYYbOBu2Bje8iZ

凭信心

https://youtu.be/WZBOSfiH8Rk?si=mZOpFbSfYI7Ksjcz https://youtu.be/TmEYeZB8dDI?si=VmpYYbOBu2Bje8iZ https://youtu.be/I1GiZL6Oc8O?si=iMmMNdbKOq19AlO_ https://youtu.be/Rv9dZOOONCw?si=cFoP52euwGQfOnye https://youtu.be/S2oGHaKpq-Q?si=sRrooWZwWv-U7nsn

## 可重复的30天灵修之旅：与神/耶稣相遇并在祂的话语中成长

简介：欢迎参加这个为期30天的灵修之旅，旨在帮助你与神相遇并加深与耶稣的关系。每天，我们将探讨不同的主题，并提供反思、祈祷和圣经经文来引导你。愿这段旅程加强你的信心，使你在与神的关系中不断成长。让我们开始吧！

第1天：拥抱神深沉的爱

反思神对你的爱的深度

阅读《约翰福音》第3章，关注第16-17节。

深入理解和体验神的爱是我们的焦点。今天，花些时间沉思神对我们无尽深沉的爱。这是一种超越理解、无限、无条件的爱。神在福音书中所描述的令人难以置信的牺牲行为

"神爱世人，甚至将他的独生子赐给他们，叫一切信他的不致灭亡，反得永生。。。" - 约翰福音 3：16-17

稍作停顿；这种爱超越我们的理解。在反思这节经文时敞开你的心扉。

今天，选择拥抱神的爱。让它改变你的生活，以喜悦和平安充满你。让祂的爱成为你信仰和与祂关系的基石。

在困难或不确定的时候，要记住神的爱是坚定的力量之泉。相信祂的爱，知道祂时刻与你同在，引导着你。

承诺寻求对神的爱更深入的理解和体验。愿祂的爱在你的生活中溢出，触摸并改变你所做的一切。

祷告：天父，我们感谢祢无比的爱。帮助我们领悟其深度，并在我们的生活中充分拥抱它。赐给我们对祢爱的更深层次的理解和体验。用祢的爱充满我们，让它在我们的关系、思想和行动中溢出。在我们的信仰之旅中引领我们，使我们每天都能在祢的爱中行走。奉耶稣的名祷告，阿们。

第2天：顺服神的计划

探讨顺服神计划的重要性

阅读《马太福音》26章，关注第39节

反思你生命中需要顺服神的领域

耶稣在客西马尼园展示了深刻的放弃行为，作为神对我们生活的神圣计划的鼓舞人心例证。

"祂就稍往前走，俯伏在地，祷告说："我父啊！倘若可行，求祢叫这杯离开我！然而，不要照我的意思，只要照祢的意思。"- 马太福音26：39

在这一刻，耶稣，尽管是人，却将自己的愿望和恐惧都交托给了神的旨意。祂信任神完美的智慧和爱，明白神的计划超越了人类的理解。

思考一下你的生活。有没有梦想、抱负或紧紧抓住的计划需要交托给神？放下控制权，邀请神的引导。

交托并非被动；它是一种信心和信任的行为，接受神非凡的计划。它让你摆脱对控制的负担，让神引领你。

在你踏上这个交托的旅程时，为一个愿意顺从神旨意的心祷告。请祂揭示内心的抵抗，寻求祂在决策中的指引，并请求祂放手祂的力量。

祷告：天父，今天我将我的生命交托给祢的旨意。帮助我放下自己的欲望，相信祢完美的时间和智慧。揭示我内心抵抗的地方，并赐我力量拥抱祢的计划。愿我在顺从和信心中行走，知道祢的道路更高更远。奉耶稣的名，阿门。

第3天：每日寻求神的同在

寻求神在你日常生活中存在的重要性

阅读《诗篇》105，关注第4节

今天抽出专门的时间来寻求神的同在

让我们在日常生活中探讨寻求神同在的重要性，由此引导

"要寻求耶和华与祂的能力，时常寻求祂的面。" - 诗篇 105：4

这节经文鼓励我们不仅在需要的时候，而是在生活的各个方面都要持续寻求神的同在。寻求神会为我们对祂的力量、智慧和引导敞开。

反思一下你的生活。是否有时你忽视了寻求神的同在，依赖自己的力量？让我们全心全意地寻求祂。

寻求神同在的专门时间至关重要。无论是通过祷告、冥想还是阅读祂的话语，都要优先考虑这段时间来与祂的旨意保持一致。

在祂的同在中，找到平安和庇护。要知道在困境中你并不孤独；神引领你的每一步。寻求祂，改变你的视角，将注意力从世俗的忧虑转向永恒的真理。祂的智慧揭示祂的计划。

寻求神的同在使你能够反映祂的爱和恩典。成为祂品格的器皿并分享祂的爱。

承诺每天寻求神的同在。将这个时间优先考虑，与祂交往，顺服祂的旨意，经历祂的改变力量。让祂的爱激励你影响他人。

祷告：天父，我每日寻求祢的同在。帮助我优先安排这段时间，远离干扰。充满我力量、智慧和引导。

改变我的观点，并使用我分享祢的爱和恩典。奉耶稣的名，阿门。

第4天：信心的成长

了解信心成长的过程

阅读《希伯来书》11章，关注第6节

思考如何积极地增强你的信心

培育你的信心：《希伯来书》11:6所说的取悦神，强调了信心在我们与神的关系中至关重要的作用。

"人非有信就不能得神的喜悦，因为到神面前来的人必须信有神，且信祂赏赐那寻求祂的人。"-希伯来书11：6

指出没有信心，取悦神是不可能的，因为这需要对祂的存在和应许的信心。

让我们探讨积极培养信心的方式。信心是动态的，需要持续的关怀和关注。

培养信心的一种方式是沉浸于神的话语中。圣经提供智慧、指引和应许。通过每天与经文互动，我们加深对神性格和祂对我们的目的的理解。定期阅读和默想圣经可以转变我们的思维，加强我们的信心。

祷告是信心成长的另一途径。它不仅仅是提出请求；它是与神联系、寻求祂的旨意，并使我们的心与祂的心对齐的方式。

每天都要花时间祷告，无论是在欢乐还是逆境中。刻意的祷告邀请神进入我们的生活，巩固我们的信心。

建立一个信徒的社群。与志同道合的人们交往可以提供支持、鼓励和相互负责。参与敬拜，加入小组，或者寻找信心之旅中的导师。共同努力，你们可以培养信心，并激发对神更深层次亲密关系的渴望。

抓住机会，以新的方式信靠神并充满信心。通常，在面对挑战并超越舒适区时，信心会茁壮成长。当你顺从神的引导时，相信祂的供应、引导和赋能。

信心的成长是一场旅程。怀疑、疑问和挣扎可能会出现，但在那些时刻依靠神。相信祂的信实，知道祂会奖赏那些真心寻求祂的人。

祷告：天父，我渴望培养我的信心。引导我通过经文、祷告和与其他信徒的团契积极地寻求祢。加强我的信心，深化我对祢的信任。赐我勇气，去迎接信心中为我开启的机会。愿我的信心讨祢喜悦，彰显祢的荣耀。奉耶稣的名，阿们。

第5天：相信神的时间安排

反思相信神的时间安排的重要性

阅读《传道书》3章，关注第1节

为拥有耐心和相信神拥有完美的时机而祈祷

在我们迈入第五天时，让我们深入思考神的时间的重要教导。在《传道书》3:1中，我们是否一再被提醒，每样事务都有其时令和时机：

"凡事都有定期，天下万务都有定时。"- 传道书3：1

这节经文强调神是时间的主宰，在我们生命中的每个季节都有一个完美的计划。相信祂的时机给我们带来平安、满足和成就。

反思你的生活 —— 有没有在信任神的时间方面存在挑战？是不是不耐烦或渴望有更快的结果困而扰着你？今天，把这些忧虑交托给神，选择相信祂的时间。

信任神的时间涉及耐心、信心和顺服。它承认祂更高的道路和永恒的视角。即使我们无法理解祂的原因，我们相信祂所做的一切都为我们好。

在等待和不确定的时候，求助于祷告。为得到耐心和对祂时间的更深信任祷告。请神在等待祂的时候平息你焦虑的心。

同时，请记住神的时间常常与我们的成长和准备相一致。在等待的时候，祂可能会磨练我们，加强我们的信心，或者为着未来装备我们。拥抱这个过程，知道神在等待的过程中在你内心中工作。

信任神的时间涉及放下你的欲望和计划。这是一种谦卑的行为，承认祂更高超的计划。

将你的时间表交给祂，你敞开心扉接受祂的最好，即使它不同于你的愿景。

今天，在生活的方方面面选择相信神的时间安排。放下你的愿望、计划和期望。祈求耐心、信心和更深的信任。安心，知道神在为你安排一切，并且祂的时间总是完美的。

祷告：天父，我将我的愿望和期望交托给祢。在面对挑战时，赐我信任祢时间安排的力量。在等候中，增加我的耐心和信心。让我充满平安，知道祢正在为我安排一切。愿我在相信祢完美时间中找到满足和圆满。奉耶稣的名，阿门。

第6天：培养祷告生活

我们每天都被呼召祈祷并与神建立关系…

阅读《帖撒罗尼迦前书》5章，关注经文16-18

在《帖撒罗尼迦前书》5:16-18 中，第六天，我们被敦促拥有一个充满力量的祷告生活，因为它对我们与神的联系产生积极的影响。

"要常常喜乐，不住地祷告，凡事谢恩，因为这是神在基督耶稣里向你们所定的旨意。" - 帖撒罗尼迦前书 5:16-18

这些经文强调了我们日常祷告生活的重要性。这超越了单纯的宗教职责或寻求我们的需求；

这是与神交流的一种方式，寻求祂的指导，并表达感激之情。通过祷告，我们将我们的心与祂协调一致，并经历祂的转变工作。

请花点时间思考你的祷告生活。是否有时候你忽视与神的沟通，或者把祷告放在一边？今天，让我们承诺抽出专门的时间来祷告。

今天安排时间来祷告，寻求神的同在。找一个安静的地方，与祂亲密交流。向祂敞开你的心扉，分享你的想法，把你的重担放在祂面前。在祷告中，我们与那位倾听并回应我们真诚呼求的神亲密相交。

此外，祷告培养感恩之心。当我们在一切环境中感谢神时，我们认识到祂的良善、信实和供应。即使在逆境中，我们也能找到感恩的理由，知道神为我们的益处策划一切。让感恩伴随你的祷告生活，加深对神的信任和依赖。

培养祷告的生活意味着在一天中保持与神的持续对话。要不断地祷告，不仅在指定的时间，还要在日常生活中。在进行日常例行公事时，以简短的感恩、引导和代祷的祷告邀请神参与你生活的方方面面，并承认祂在平凡中的存在。

当我们致力于培养祷告的生活时，请记住祷告不是单向的对话。它是与我们天父建立关系的锻炼。花时间聆听祂的声音，辨别祂的旨意，并对祂的引导保持开放的态度。留心通过祂的话语、他人以及祂圣灵的轻声细语来与祂沟通。

祷告：天父，我渴望培养一个祷告的生活。帮助我安排专门的时间与祢交通。教导我不断祷告，在各种情况中表达感激之情，并使我的心灵倾听祢的声音。愿我的祷告加深我们的关系并影响他人的生活。奉耶稣的名，阿门。

## 第7天：理解神的话

反思研读并理解神话语的重要性

阅读《诗篇》119篇，关注第105节

承诺定期阅读和研读圣经

"祢的话是我脚前的灯，是我路上的光。" - 诗篇119：105

展示了神话语的力量，为我们的生活提供了启示和指导，并激励我们思考与圣经的关系。

请花点时间思考一下如何与圣经互动。你是否一直忽视它？让我们承诺进行定期的圣经学习，以更深入地理解神的真理。

定期阅读和研读圣经对于建立坚实的信仰基础至关重要。沉浸在经文中，我们加深对神、祂的性格和祂的计划的认识。优先安排每天专门的时间进行阅读和默想，以塑造你的思想和行为。

此外，研读圣经帮助我们在充满矛盾信息的世界中分辨真理和虚假。它是一座不变的锚，提供永恒的智慧，帮助我们航行人生的复杂局面。

怀着谦卑和愿意学习的心态来阅读圣经，将其视为神的活泉之言。邀请圣灵指导你的研读，启示真理，并改变你的心灵和思想。

研读神的话语加深了我们与祂的关系。正是通过经文，我们遇见了活生生的神，更加靠近祂，体验祂的爱、恩典和同在。

探索神的话语揭示了我们的身份和目的。它展示了神的爱、祂的救赎计划以及我们作为祂所爱的子女的价值。这使我们能够自信而有目的地过上我们的使命。

今天，承诺学习和理解神的话语。每天留出一些时间阅读和默想。怀着一颗敞开的心来对待它，与神相遇，获得智慧、引导，并更深刻地了解在祂里面的自己。

祷告：天父，我承诺学习和理解祢的话语。帮助我每天都有时间专注于经文。敞开我的心灵，接受祢的真理，并通过祢的话语得以改变。在我寻求理解祢的话语的过程中，通过祢的圣灵引导我，加深我与祢的关系。奉耶稣的名，阿门。

第8天：经历神的宽恕

深思神宽恕的深度以及宽恕他人的重要行为。

阅读《马太福音》6章，关注第14-15节

专注并寻求一颗愿意宽恕的心。

在今天对宽恕的转变力量进行反思时，《马太福音》6:14-15 强调了它在我们与神的关系中的关键作用：

"你们饶恕人的过犯，你们的天父也必饶恕你们的过犯。 你们不饶恕人的过犯，你们的天父也必不饶恕你们的过犯。"

这些经文强调了宽恕在我们生活中的重要性。让我们深入探讨神宽恕的无限和无条件的本质。尽管我们犯了罪，神的怜悯总是可及的。通过耶稣基督的牺牲，神提供了宽恕，洗净我们的罪孽，并与我们和好。

思考你从神那里得到的宽恕。有没有在接受祂的宽恕时某些方面变得具有挑战性？敞开心扉，充分体验神的宽恕，让它彻底改变你的生活。

遇见神的宽恕促使我们向他人施以同样的恩典。尽管这并非总是容易的，但对于我们的幸福和成长至关重要。紧紧抓住怨恨会加重我们的负担，并妨碍我们的属灵进步。

当原谅他人时，请记住这并不是为了为我们所受的不公正找借口。相反，这是一个有意识的决定，释放愤怒、怨恨和苦毒，迈向康复的一步。

祷告是培养宽恕之心的有效工具。祈求一颗愿意宽恕的心，即使看似不可能。寻求神的帮助来释放过去的伤害，让祂的爱和恩典充满你。当你选择宽恕时，相信祂恢复和医治的能力。

宽恕是一个持续的过程，特别是在深刻的伤害或背叛的情况下。在这个旅程中，请对自己和他人保持耐心。依靠神的力量，并寻求信任的朋友或导师的支持。

祷告：天父，赐予我祢的宽恕，使我能完全接受。使我的心软化，能够原谅别人，就像祢原谅了我一样。愿我成为祢爱的容器，将宽恕扩展到所有伤害过我的人身上。我奉耶稣的名祷告。阿门。

第9天：培养感恩的心：信心之旅

发现感恩在你与神的关系中的力量

阅读《帖撒罗尼迦前书》第5章，关注第18节

反思你生活中的祝福并向神表达感激之情

在我们的信心之旅中，培养一颗感恩的心是深具改变性的。感恩让我们更加接近神，丰富了我们与祂的关系，并积极地影响着人类。让我们探讨一下感恩的重要性。

"凡事谢恩，因为这是神在基督耶稣里向你们所定的旨意。" -

帖撒罗尼迦前书5：18

真正的感恩在于我们选择在面对挑战时依然心存感激。

反思生活中的祝福，从庇护和食物到爱和人际关系。培养一颗感恩的心让我们能够欣赏生活中有意义的细节。

感恩加深了我们与神的联系。它承认祂的主权和爱，使我们更加亲近祂。它在我们的关系中培养了信任、爱和敬畏。

感恩的影响超越了个人成长。它是有感染力的，使我们变得更有同情心和体谅心。这种积极性丰富了我们的交往，弥合了分歧，促进了团结。

想象一下，如果每个人都拥抱感恩，欣赏祝福，并承认他人的贡献，那么这个世界将充满爱、同理心和喜悦。

祷告：天父，我感恩生活中的点滴祝福。在一切境况中帮助我拥抱感恩之心。教导我欣赏他人，成为爱与善良的源泉，并在这个世界中产生积极的影响。阿门。

## 第10天：传播神的爱

探讨与他人分享神的爱的重要性

阅读《马太福音》28章，关注第19-20节

找出向周围人展示神的爱的机会

今天，我们在继续信心之旅时，探讨与他人分享神的爱的深刻主题。这个使命至关重要，影响着个人的生活并塑造整个人类。

《马太福音》28:19-20重申了耶稣对门徒的使命：

"所以你们要去，使万民做我的门徒，奉父、子、圣灵的名给他们施洗凡我所吩咐你们的，都教训他们遵守。我就常与你们同在，直到世界的末了。"

这强调了积极分享神的爱和信息，超越了界限。

分享神的爱涉及宣扬福音，并通过我们的行为体现基督的爱。怀有同情心、善良和理解是至关重要的。我们成为神恩典和怜悯的活证人。

在我们的日常生活中，有许多展示神的爱的机会。倾听一个需要帮助的朋友，提供援助，或提供鼓励可以深刻地影响他人，传播希望和疗愈。

参与社区服务并支持边缘化的个体是展示神的爱的切实方式。志愿服务，支持慈善组织或参与外展计划都能产生重大影响。

分享神的爱还包括拥抱多样性，尊重和尊严地对待所有人，并促进团结与和谐。我们的爱应该反映神无边无际的爱。

当我们听从分享神的爱的呼召时，我们成为转变的代理人。每一个的行为，无论多么微小，都会产生涟漪效应，触及无数生命。通过实践大使命，我们为一个爱、同情和理解占主导地位的世界做出贡献，深刻地影响人类。

祷告：天父，引导我成为祢爱的器皿。帮助我表现出善良、同情和包容。愿我的行动反映出祢的爱，带来希望，并有助于传播祢关于恩典和救赎的信息。阿门。

第 11 天：克服恐惧和焦虑

反思神的应许，祂与你同在并赐平安

阅读《以赛亚书》41章，关注第10节

祈求力量以克服恐惧和焦虑。

在我们的信心之旅中，我们常常面对恐惧和焦虑。然而，在神的应许中，我们在生活的种种挑战中找到了安慰和力量。《以赛亚书》41:10传递了这个令人宽慰的信息。

神向我们保证

"你不要害怕，因为我与你同在；不要惊惶，因为我是你的神。我必坚固你，我必帮助你，我必用我公义的右手扶持你。" - 以赛亚书41:10

这些话提醒我们并不孤单；神提供力量和指引。

恐惧和焦虑往往源于对未来或生活挑战的不确定性。然而，我们事奉的神掌控着宇宙，深切关心着我们。祂知道我们的挣扎，并承诺给予坚定的爱和保护。

通过祷告，我们寻求战胜恐惧和焦虑的力量，向神倾吐我们的忧虑。放下这些负担使我们能够领受祂超越性的平安，在生活的风暴中守护我们的心灵。

祷告：天父，在恐惧和焦虑的时刻，我转向祢。感谢祢的应许与我同在，并赐平安。用祢坚定不移的爱加强我，帮助我战胜恐惧。我信靠祢公义的右手扶持我。当我将忧虑交托给祢时，赐给我那超越一切理解的平安。阿门。

第12天：通过人际关系加强信心

在你的信仰之旅中，发现健康人际关系的重要性

读《箴言》27，关注第17节

反思如何加强与他人的关系

在我们的信仰之旅中，与神的关系是灵性成长的基石。然而，承认与他人的健康关系对我们的灵性发展具有深远的影响也是至关重要的。

我们与他人的互动应该像磨铁一样：

"铁磨铁，磨出刃来，朋友相感也是如此。" - 箴言27：17

就像铁通过与另一个物体的摩擦变得更加锋利一样，我们的品格、信心和理解通过与其他信徒的有意义的互动而得到发展。

有意义、健康的关系提供了陪伴、责任和成长的机会。通过这些关系，我们得以经历神的爱、恩典和怜悯，因为祂通过这些与我们相遇的个体向我们显明。通过培养积极的关系，我们不仅加强了自己的信心，还为他人创造了一个支持性、令人振奋的环境。

以下是丰富你的人际关系的策略：

有意为之：积极与他人建立联系，真诚关心他们的人生历程。

进行积极倾听：当他人表达他们的想法和感受时，要以共情的方式参与其中。

提供恩典和宽恕：在面临挑战时通过提供恩典和宽恕来促进和解与成长的环境。

相互服侍：通过善良和无私的行为加强联系。

为彼此祈祷：在祷告中团结心灵，邀请神的同在进入你们的关系。

通过投资加强这些关系，我们为一个反映基督之爱的社群做出了贡献。

我们的生活成为祂转变的力量的见证，通过交往和爱的羁绊，将其他人带到祂的身边。

祷告：天父，感谢祢赐予我们关系的礼物以及它们对我们信心之旅的深远影响。在培养健康、有意义的联系方面引导我们，在与祢同行的过程中互相磨砺和扶持。赐予我们智慧、恩典和仆人的心。愿我们的关系散发祢的爱并荣耀祢的名。阿门。

第13天：在基督里发现不可动摇的希望

反思来自你与耶稣的关系的希望

阅读《罗马书》15章，关注第13节

在充满挑战的时刻为在基督里坚定不移的希望祈祷

在生活的考验和不确定性中，我们与耶稣的联系成为坚定不移的希望之源。祂稳固我们的灵魂，提供安慰、坚韧和保证。让我们思考我们在基督里所拥有的丰盛希望，并反思《罗马书》15：13，作为对基督里丰盛希望的提醒。

生活的磨难可能让我们感到不知所措、焦虑或对未来感到不确定。在这些时刻，我们可以转向耶稣，祂是我们坚定不移的盼望。我们在基督里的盼望并不取决于短暂的环境，而是扎根于祂不变的品性和应许。

"但愿使人有盼望的神，因信将诸般的喜乐、平安充满你们的心，使你们借着圣灵的能力大有盼望。"- 罗马书 15：13

这节经文美丽地概括了在基督里的盼望的本质。它强调神是盼望的源泉。当我们把自己托付给祂时，祂通过圣灵的工作使我们充满喜乐、平安和洋溢的盼望。

我们在基督里的盼望使我们能够在逆境中充满勇气地坚持下去，因为我们知道祂是主宰。我们在祂的同在中找到平安，在祂的话语中得到力量，在祂的爱中得到确定。我们的盼望根植于祂不变的本性；祂昨天、今天和永远都是一样的。

通过我们对基督的盼望，我们成为周围人的光辉之炬和希望的使者。我们的生命见证了信心的变革力量，鼓舞着他人寻求只有耶稣才能提供的希望。当我们散发祂的希望时，我们扶持并鼓励那些经历困境的人，指引他们走向持久希望和宁静的最终泉源。

祷告：天父，感谢祢在基督里给予我们的希望。在艰难时刻，我们将祢视为我们的庇护所和锚地。在我们将自己交托给祢时，请借着圣灵的能力，充满我们喜乐、平安和洋溢的希望。

帮助我们紧紧依靠在基督里不可动摇的希望，即使情况看似不确定。愿我们的生活见证着祢的信实和恩典，通过在祢里面找到的独一无二的希望,影响我们周围的人。阿门。

第14天:谦卑在我们与神同行中的深远影响

探索谦卑在你与神关系中的重要性

阅读《腓立比书》2章,关注3-4节

反思生活中你可以在谦卑方面成长的地方

谦卑是我们与神联系中的一种深刻美德。它敞开我们的心扉,认识到神的主权和恩典。让我们深入探讨谦卑对与神相遇的影响,反思《腓立比书》2:3-4,并探讨我们可以培养更多谦卑的领域。

谦卑的品质与骄傲完全不同,后者可能在我们与神之间形成障碍。通过对神的谦卑态度,我们承认我们依赖于祂,并认识到祂是所有知识、力量和道德的根源。这种谦虚的观点使我们能够接受神的爱和指引,放下我们的自足,更愿意顺从祂的旨意而不是我们自己的。

《腓立比书》 2:3-4 提供了指导

"凡事不可结党,不可贪图虚浮的荣耀,只要存心谦卑,各人看别人比自己强。各人不要单顾自己的事,也要顾别人的事。"

这段经文鼓励我们真诚关心和同情他人，放下自私的欲望。当我们在互动中实践谦逊时，我们创造了一个充满爱、团结和理解的氛围。

请花点时间反思你可以培养谦逊的领域。这种自我审视可能会揭示骄傲悄悄逼近的时刻，比如追求认可、比较自己，或犹豫为我们认为不太重要的人服务。识别这些领域使我们能够积极培养谦卑的心灵，与基督的榜样一致。

怀着谦卑的心在神面前，我们在祂的同在中得到改变。我们的心变得愿意接受祂的引导，加深与天父的亲密关系。在我们继续信心之旅的过程中，让我们铭记谦卑的重要性以及它对我们与神和人类关系的影响。

祷告：天父，我们感谢耶稣在谦卑方面的榜样。在我们谦卑中成长的过程中引导我们，让我们认识到我们在祢面前的依赖，尊重别人胜过自己。揭示那些傲慢妨碍我们与祢和他人关系的领域。

愿我们在与祢的相遇中心怀谦卑的心，敞开接受祢的智慧和恩典。使用我们作为传递祢的爱和怜悯的器皿，影响人类反映祢的品格。阿门。

第15天：在敬拜中体验神的同在

了解敬拜在你与神关系中的作用

阅读《诗篇》100，关注第2节

今天参与有意义的敬拜，向神表达你的爱

敬拜在我们与神的关系中起着至关重要的作用。这是一种强大的方式，使我们更加亲近神，经历祂的同在，并表达我们的爱和崇拜。让我们探讨敬拜的重要性，并思考《诗篇》100:2，同时在今天参与有意义的敬拜，将我们的心灵和声音献给神。

敬拜不是一种简单的仪式或例行公事；它是对伟大和良善的神发自内心的回应。

《诗篇》100:2美妙地捕捉到了这一本质：

"你们当乐意侍奉耶和华，当来向祂歌唱。"

当我们怀着喜悦和欢乐来到神面前，高声赞美时，我们的心与祂的心对齐，我们会以一种深刻的方式经历祂的同在。

在敬拜中，我们将注意力集中在神身上，抛开干扰和世俗的忧虑。这是一个投降的时刻，在这里我们卸下负担，在祂的同在中找到安息。通过敬拜，我们承认祂的统治权和配得的地位，认识到只有祂配得我们的赞美和奉献。

有意义的敬拜可以加深我们与神的关系。我们敞开心扉，让祂的爱和恩典从内部改变我们。敬拜提醒我们祂的信实和良善，加强我们对祂的信心和信任。

敬拜的影响超越了我们个人与神的相遇。当我们与他人一起参与集体敬拜时，我们就成为了团结敬拜团体的一部分。我们集体的声音就像一首赞美的交响乐，反映了人类对其造物主崇拜的多样性和美丽。

通过敬拜表达我们对神的爱，我们可以影响周围的世界。我们的敬拜成为神的爱的见证，吸引其他人寻求祂并遇到祂的同在。通过我们的敬拜，我们激发希望，提供医治，并与那些可能还不认识神的人分享神恩典的信息。

所以，今天让我们怀着愉快和喜乐的心来敬拜吧。愿我们的歌曲和祈祷成为对那无限爱我们的那一位的爱的奉献。在敬拜中，愿我们遇见神的同在，并被祂坚定不移的爱所改变。

祷告：天父，我们感谢祢赐给我们敬拜的恩赐，使我们可以亲近祢并体验祢的临在。今天，我们带着愉快和喜悦来到祢面前，高声赞美和崇拜。

当我们敬拜祢时，愿我们的心因祢的爱和恩典而改变。用我们的敬拜来影响他人，反映祢的善良并拉近他们与祢的距离。阿门。

第 16 天：用爱服侍他人并发现用爱和同情心服侍他人的机会

找出我们可以用爱和同情心为他人服务的方法

探索爱和服务的行为，了解奉耶稣之名服侍的意义

阅读《马可福音》10章，关注第45节

在我们这个快节奏的现代世界，个人利益常常被置于首位，服侍他人的行为具有巨大的属灵重要性。耶稣是爱与同情的缩影，祂在地上的期间体现了无私服侍的重要性。让我们深入研究《马可福音》10:45 所传达的深刻信息，并了解如何在我们的生活中体现耶稣的服侍之心。

"因为人子来并不是要受人的服侍，乃是要服侍人，并且要舍命做多人的赎价。"- 马可福音10：45

这段经文概括了耶稣在地上使命的核心。祂不寻求钦佩或赞扬；相反，祂以无限的爱和同情心谦卑地为他人服务。在我们的日常生活中，这意味着积极寻找机会帮助和提升他人，不是为了个人认可，而是为了反映基督的爱。

奉耶稣的名服侍他人是我们信仰的具体表达。它超越了单纯的援助；它通过我们的行动体现了耶稣的教导。当我们以爱和同情心服侍时，我们就成为神恩典的渠道，反映了祂对我们周围人无条件的爱。通过服侍，我们积极参与神的神圣计划，在这个经常陷入绝望的世界传播仁慈并灌输希望。

反思神赋予你的独特天赋和才能。思考如何利用这些能力为他人服务。它可能需要在当地避难所做志愿者，指导陷入困境的朋友，支持慈善事业，或者只是倾听有需要的人。服侍行为，无论规模大小，都具有深刻影响生活并荣耀神的力量。

祷告：天父，我们对祢儿子耶稣基督的模范生活表示感谢，祢来不是为了受服侍，而是为了服侍。打开我们的眼睛，看看那些需要祢的人。主啊，请坚固我们的心，引导我们努力通过我们的行动反映祢的爱。愿我们的服务成为祢恩典的见证，并为祢的名带来荣耀。奉耶稣的名，我们祷告。阿门。

当我们默想《马可福音》10：45时，让我们全心全意地接受以爱和同情心服侍他人的号召。通过我们的行动，我们不仅履行了神的诫命，也向渴望祂的爱的世界反映了耶稣的心。让我们的行为成为希望的灯塔，用基督的光芒照亮我们生活的每一个角落。

第17天：在软弱中寻找力量

在你软弱的时刻反思神的能力和力量

阅读《哥林多后书》12章，关注第9节

祈求神的力量在我们的软弱上显得完全

今天，让我们思考谦卑对于在最软弱的时刻寻找力量的重要性，并认识到正是在这些时候，我们才能见证神的全部力量和强大。通常，我们的人性促使我们依赖自己的能力。然而，当我们承认自己的软弱并屈服于神时，我们就会发现真正的力量。

在《哥林多后书》12:9 中，使徒保罗分享了一个强而有力的见解：

"祂对我说："我的恩典够你用的，因为我的能力是在人的软弱上显得完全。"所以，我更喜欢夸自己的软弱，好叫基督的能力覆庇我。"

这些话强调真正的胜利不是来自于我们自己的力量，而是来自于神通过我们的身体发挥的神圣力量。

当我们谦卑地承认自己的局限时，我们为神的力量在我们的软弱中显现创造了空间。在那些屈服的时刻，我们体验神在我们内心运行的恩典和力量。

我们的软弱并不限制神；相反，祂抓住它们作为展示祂的力量和荣耀祂的名的机会。

花点时间反思一下自己的软弱以及你可能觉得不足的地方。不要因它们而感到沮丧，而是邀请神进入那些空间。请求祂将祂的力量注入你的体内，将你的软弱交托给祂看顾。相信祂的力量会在你软弱的时刻闪耀出光芒。

祷告：亲爱的天父，我们感谢祢深刻的提醒，祢的恩典对我们来说是绰绰有余的，祢的力量在我们的软弱中得到最充分的体现。请赐予我们能力去拥抱我们的弱点，并将它们置于祢慈爱的手中。让祢坚定不移的力量我们充满，使我们能够在生活的各个方面依靠祢。愿祢伟大的力量照耀我们，为祢的名带来荣耀。我们奉耶稣的名这样祷告。阿门。

## 第18天：追求圣洁

反思为神过圣洁生活的呼召

阅读《彼得一书》1章，关注第15-16节

找出你生活中可以追求圣洁的领域

今天，让我们思考一下谦卑对于追求圣洁的影响。作为基督的追随者，我们被呼召过一种为神分别为圣、以公义和纯洁为标志的生活。我们追求圣洁不是靠我们的力量，而是对神的呼召的回应，也是对祂在我们生活中改变工作的顺服。

"那召你们的既是圣洁，你们在一切所行的事上也要圣洁。因为经上记着说："你们要圣洁，因为我是圣洁的。""- 彼得前书 1: 15-16

这些经文提醒我们，圣洁的神呼召我们在所做的一切事情上反映出祂的圣洁。追求圣洁并不是为了赢得救恩；是回应神向我们展示的恩典和爱。

谦卑在我们追求圣洁的过程中起着至关重要的作用。正是通过谦卑，我们认识到我们的生活需要神的指导和转变。我们承认靠着自己无法达到圣洁，但我们依靠神的恩典和圣灵的能力在我们里面动工。

花点时间反思一下自己的生活。你可以在哪些方面追求圣洁？它可能存在于你的思想、言语、行为或关系中。求神启示你在圣洁和谦卑方面需要成长的地方。将这些领域交给祂，寻求祂的指导和力量，过一种荣耀祂的生活。

祷告：亲爱的天父，感谢祢呼召我们过圣洁的生活。帮助我们谦卑地追求圣洁，知道只有通过祢的恩典和力量，我们才能在公义上成长。向我们展示生活中哪些方面需要我们在圣洁上成长，并赐予我们力量将这些方面交托给祢。愿我们对圣洁的追求为祢的名带来荣耀，并让他人更亲近祢。奉耶稣的名，我们祷告。阿门。

第19天：建立一个以基督为中心的家庭

探索培育以基督为中心的家庭的重要性

阅读《约书亚记》24章，关注第15节

为你家人的信心得到加强并以耶稣为中心来祷告

今天，让我们深入探讨在世界的干扰和相互竞争的优先事项中培育一个以基督为中心的家庭的重要意义。在《约书亚记》24章15节中，他有力地向以色列人宣告：

"若是你们以侍奉耶和华为不好，今日就可以选择所要侍奉的，是你们列祖在大河那边所侍奉的神呢，是你们所住这地的亚摩利人的神呢？至于我和我家，我们必定侍奉耶和华。"

约书亚认识到引导家人走上主的道路、刻意在他们的生活中优先考虑神的重要性。

要建立一个以基督为中心的家庭，首先要我们个人承诺跟随耶稣。随着我们的信心加深，我们可以通过我们的言语、行动和态度将这种信心传递给我们的家人。在我们的家中，我们可以创造一种以爱、恩典和宽恕为特征的氛围，反映基督的本性。

反思一下你的家人。你如何在其中培养以基督为中心的环境？它可能包括留出时间进行家庭灵修、一起祈祷、集体去教堂或参与信仰讨论。思考如何有意识地在家人的日常生活中优先考虑耶稣。

祷告：天父，我们感谢家庭的恩赐。加强我们家庭的信仰，引导我们建立一个以基督为中心的家庭。愿我们的言语、行为和态度回应祢的爱和恩典。带领我们创造一个对耶稣的信心蓬勃发展的环境。帮助我们做出有意识的选择，将祢置于我们家庭生活的中心。奉耶稣的名，我们祷告。阿门。

当你在继续培育以基督为中心的家庭旅程时，请记住这是一个渐进的过程。在你的努力中要有耐心和坚定，相信神会尊重你的努力。

第 20 天：寻求神的智慧

反思在决策中寻求神智慧的价值

阅读《雅各书》1 章，关注第 5 节

在你面临做出具体的决定中寻求神的智慧

在我们的信仰之旅中，在决策中寻求神的智慧非常重要，尤其是在关键时刻。这种做法展示了我们对祂的指导的依赖，并揭示了我们在全知的造物主面前的谦卑。让我们深入探讨寻求智慧的深远意义，并且在追求祂在具体决策中的引导时思考《雅各书》1:5。

《雅各书》1:5 用这些话向我们保证：

"你们中间若有缺少智慧的，应当求那厚赐于众人也不斥责人的神，主就必赐给他。"

这个应许强调了神渴望为那些热切寻求祂的人提供智慧。我们转向智慧和知识的终极源泉，而不是仅仅依靠我们有限的理解力。

向神祈求智慧是一种自信的表现，承认祂知道什么对我们最好，即使我们对我们选择的影响并不完全理解。

通过让祂掌控我们的计划，我们可以让自己更容易接受祂属天的指引。

外部影响，例如社会期望或个人抱负，常常会影响我们的决策判断。寻求神的智慧可以帮助我们排除这些干扰，使我们的心与祂的旨意保持一致。祂的智慧在不确定性中带来了清晰与和平。

当你考虑一个具体的决定时，通过祈祷和祂的话语真诚地寻求神的智慧。接受祂的指导，即使它引导你走向不同的方向。相信祂的计划总是为你的最终利益服务。

通过寻求神的智慧，我们不仅能做出更明智的决定，还能对周围的人产生积极的影响。跟随祂的指引，我们将成为祂智慧和恩典的器皿，用祂的光照亮世界。

祷告：全能的天父，我谦卑地来到祢面前，在我面前的决定中寻求祢的智慧。我相信祢的指导，知道祢明白什么是最好的。当我通过祷告和祢的话语寻求祢的智慧时，请揭示我的道路。让我的愿望与祢的意愿保持一致，即使在充满挑战的时期，也给我勇气跟随祢的领导。感谢祢慷慨的提供的智慧。愿我的选择为祢的名字带来荣耀，并积极影响他人。阿门。

## 第 21 天：经历神的平安

通过基督发现出人意外的平安

阅读《腓立比书》4 章，关注第 7 节

今天祈求神的平安充满你的心灵和思想

通过基督，我们有可能发现一种难以理解的平安。《腓立比书》4:7提到的平安是深刻的。它的表达与我们的环境无关，并且源于我们对天父的信心和信任。

"神所赐出人意外的平安，必在基督耶稣里保守你们的心怀意念。"- 腓立比书4:7

这节经文强调，神的平安胜过世界所能提供的任何事物，即使在生活的不确定性中也能提供深深的平静和保证。

在神的平安面前，恐惧、焦虑和担心都会消散。我们感到安慰的是，我们知道天父掌管一切，为我们的生活制定完美的计划。这种平安并不依赖于我们的能力或环境；而是以神不变的特性为基础。

遇到这种神圣的平安会改变我们的生活方式。我们学会释放忧虑，相信神会扭转一切，让我们受益。这种平安就像一面盾牌，保护我们的心灵和思想不被世界的挑战所淹没，使我们能够充满信心和希望地面对每一天。

当我们遇到困难的时候，我们可以积极地通过祷告来寻求神的平安。通过将我们的忧虑托付给祂，我们邀请祂的平安充满我们的心灵和思想。通过祈祷，我们承认我们对祂的依赖，信赖祂坚定不移的爱和智慧。

祷告：天父，我祈求祢的平安今天充满我的心灵和思想。在生活的不确定性中，请帮助我相信祢的计划和供应。保护我免受恐惧和焦虑，并赐予我超越理解的平安。愿祢的平安重塑我应对挑战和不确定性的方式。感谢祢成为我力量与平安的源泉。奉耶稣的名，阿门。

## 第 22 天：行在神的光中

反思行在神的光中并过公义生活的呼召

阅读《约翰一书》1 章，关注第 7 节

检查你生活中可以与神的光对齐的领域

对于基督的追随者来说，反思在神的光中行走并过正义生活的呼召至关重要。这意味着让我们的生活与神的真理保持一致，并让祂的指导照亮我们的道路。让我们沉思这个呼召，默想《约翰一书》1:7，关注我们生活中可以与祂的光保持一致的领域。

《约翰一书》1:7 强调，

"我们若在光明中行，如同神在光明中，就彼此相交，祂儿子耶稣的血也洗净我们一切的罪。"

行在神的光中可以加深我们与神和信徒同工的团契。这种亲密的相交让耶稣宝血的洁净和转化力量能够洗去我们的罪孽，使我们走上正义的道路。

行在神的光中需要谦卑，将我们的意志降服于祂，并在我们生活的各个方面寻求祂的指导。这意味着承认我们需要祂的智慧和力量才能过正义的生活。这个旅程包括定期的自我检查，让神的光揭露任何隐藏的黑暗或罪恶，需要祂的宽恕和治愈。

考虑一下你生活中需要与神的光对齐的领域。是否存在需要放弃的行为模式或态度？是否需要宽恕，无论是寻求宽恕还是将其扩展到他人？邀请圣灵揭示需要与神的真理重新调整的领域。

当我们行在神的光中并过公义的生活时，我们的行为就会影响我们周围的人。我们的谦卑和顺服是神改变工作的见证，激励其他人寻求祂的光。通过我们的言行，我们可以带来希望和鼓励，引导他人走向光明和生命的真正源头——耶稣基督。

祷告：天父，感谢祢呼召我们行在祢的光中并公义地生活。当我审视自己的内心和行为时，我发现需要根据祢的真理和宽恕重新调整的领域。请赐予我谦卑的态度，将我的意志屈服于祢的旨意，并在我所做的一切事情中寻求祢的指导。愿我的生活见证祢改变的力量，为他人带来希望和鼓励。阿门。

第 23 天：在耐心中成长

探索信仰之旅中耐心的重要性

阅读《罗马书》12 章，关注第 12 节

祈求耐心等待神的时间和计划

让我们深入探讨耐心在我们信仰之旅中的重要作用。耐心不仅是一种美德，也是我们应对生活考验时的基本品质。通过耐心，我们学会相信神的时机和神圣计划，即使不确定性和焦虑会给我们蒙上阴影。

《罗马书》12:12 为我们提供了指路明灯：

"在指望中要喜乐，在患难中要忍耐，祷告要恒切。"

这些话强调了我们与神的关系中忍耐的重要性。耐心使我们能够忍受充满挑战的季节，坚信神在工作，即使结果尚不明朗。借着忍耐，我们的信心才能经受考验、熬炼，才能与神更加亲近。

耐心并不等于被动等待；它需要对神的时间安排和复杂计划的积极信任。它需要我们放弃我们的欲望，并使我们自己与祂完美的旨意保持一致。耐心培养毅力、韧性和对神的深刻依赖。

花点时间思考一下你自己的信仰之旅。哪里需要培养耐心？在某些情况下，等待神的时间是否会让人感到畏惧？将这些领域交给神，并寻求祂的指导来培养耐心和信任。

祷告：天父，当我们与祢同行时，请赐予我们耐心的恩赐。请让我们有能力相信祢的时间安排和计划，尤其是在焦虑和不确定的时刻。教导我们在盼望中寻找喜乐，在逆境中忍耐，并在祷告中保持坚定。当我们努力等待祢的时间时，请赐予我们力量。

愿我们的生命见证我们对祢的耐心和信任，并荣耀祢的名。奉耶稣的名，我们祷告。阿门。

在你的一天中，请记住在生活的各个方面培养耐心。相信神的时间和计划，知道祂是信实的，并且一定会实现祂的应许。让你的耐心证明你对祂坚定不移的信心。

## 第 24 天：爱你的邻居

反思爱人如己的诫命

阅读《马太福音》22 章，关注第 39 节

找出向邻居表达爱的实用方法

今天，让我们深入探讨一下爱邻如己的深刻指示。在一个经常充满分裂和冲突的世界中，体现基督的爱并将其慷慨地传播给我们周围的人变得至关重要。耶稣不只是鼓励我们谈论爱；祂要求我们通过切实的行动来体现这一点。

"其次也相仿，就是要爱人如己。" - 马太福音 22:39

我们所关注的经文《马太福音》22:39 强调了以爱、仁慈和尊重对待他人的重要性。马太有效地教导我们如何与人类同胞互动，承认他们作为神形象的承载者的内在价值。

当我们思考这一神圣的指导时，让我们积极集思广益，想出一些实际的方法来表达对邻居的爱。

它可以很简单，比如伸出援助之手，伸出富有同情心的耳朵，或者将善意融入我们的日常互动中。

花点时间考虑是否有你可以支持和提升的特定个人或社区。通过祷告，寻求指导来确定表达神的爱的切实方法。赋予自己参与服务和同情的行动。

在你的一天中，请牢记爱邻居的重要性。积极寻找机会向你附近的人表达爱、同情和坚定不移的支持。让我们的行动胜于雄辩；让基督的爱在我们的行动中闪耀；并为绝望的人带来希望和治愈。

祷告：天父，我们怀着谦卑和敬拜的心站在祢面前，感谢祢赐下爱人如己的重要命令。请赐予我们力量，通过我们的行动表达这种爱。为我们指明向周围的人表达爱的实用方法。打开我们的心去感知他人的需求，并赋予我们以坚定不移的同情心和善意回应的勇气。愿我们的爱反映祢的爱，并为祢的圣名带来巨大的荣耀。奉耶稣的名，我们祷告。阿门。

# 第 25 天：在考验中相信神

在考验和困难时期发现神的信实

阅读《诗篇》46，关注第 1-2 节

祈求在挑战中对神有信心和依靠

在我们的人生旅程中，我们会遇到各种各样的考验和磨难，从经济困难到健康问题，再到人际关系的困难。你可能会说逆境是经历的固有组成部分，它会影响我们人生的不同阶段。在这些非常艰难的时刻，我们必须保持持续的专注，并坚定不移地相信神永远站在我们一边，是我们可以依靠的。

让我们将注意力集中在《诗篇》46:1-2 上，让这些经文中深刻的真理在我们心中产生深深的共鸣：

"神是我们的避难所，是我们的力量，是我们在患难中随时的帮助。所以地虽改变，山虽摇动到海心。"

这些话深刻地提醒我们，即使我们的世界似乎崩溃了，神仍然是我们的避难所和我们力量的源泉。祂永远的帮助就像一盏指路明灯，引导我们度过所遇到的考验。通过将我们的信心托付给祂，我们可以面对生活中的不确定性而不会屈服于恐惧。

让我们花点时间衷心祈祷，在挑战中寻求对神的深刻信任和依靠。

祷告：天父，我们谦卑地来到祢面前，怀着感恩的心，感谢祢在考验期间成为我们的避难所和力量。我们完全信任祢，承认我们的生命安全地掌握在祢手中。主啊，坚固我们，以坚定不移的信心面对挑战，时刻铭记祢坚定不移的信实。请赐予我们智慧来辨别祢的旨意，并赐予我们恩典将我们的计划交给祢。

我们全心全意地依靠祢持久的爱来带领我们度过难关。奉耶稣的名，我们热切地祷告。阿门。

## 第 26 天：接受神的恩典

反思神白白赐予的丰盛恩典

阅读《以弗所书》2 章，关注第 8-9 节

默想神恩典在你生命中的意义

让我们深入探讨神恩典的深刻礼物，尽管我们有缺点和不完美，但神却白白地赐给我们这份礼物。借着祂的恩典，我们发现了救恩，并与祂建立了一种赋予生命的关系。想一想神恩典的伟大，然后阅读《以弗所书》2：8-9，以充分理解其意义。

以《弗所书》2:8-9 提醒我们，"你们得救是本乎恩，也因着信。这并不是出于自己，乃是神所赐的； 也不是出于行为，免得有人自夸。"

这节经文强调我们的救赎是不劳而获的神的恩惠和仁慈，而不是我们自己努力的结果。它强调了祂无限的爱和怜悯，深入了解我们的破碎，并在基督里给予宽恕和新生命。

当我们思考上帝恩典的深刻意义时，让我们谦卑地承认我们对它的需要。拥抱他的恩典白白赐给所有相信并接受耶稣基督为救主的人这一事实，我们认识到我们无法拯救自己；我们的义完全来自基督。

神的恩典深刻地影响着我们，带来转变，将我们从罪的锁链中解放出来，使我们能够过一种荣耀神的生活。

在接受祂的恩典时，我们被呼召向他人施恩，向有需要的世界展示祂的爱和怜悯。

祷告：天父，我们深深感谢祢丰富的恩典，拯救并解放了我们。我们谦卑地接受这份珍贵的礼物，并充分意识到我们无法赢得它。帮助我们领会祢恩典在我们生命中的巨大意义，带来转变并塑造我们，使我们效法耶稣。当我们沐浴在祢的恩典中时，请让我们能够向他人表达同样的爱和怜悯，影响人类并分享祢的救恩。阿门。

第 27 天：追求基督身体的合一

探讨教会信徒团结的重要性

阅读《罗马书》12 章，关注第 4-5 节

## 思考如何为教会社区的团结做出贡献

今天，让我们探讨如何在基督的身体中寻求合一。根据保罗在《罗马书》12:4-5中的说法，基督的身体是由许多部分组成的，但都形成一个身体。信徒之间的团结对于教会有效运作至关重要。正如一个身体需要其所有部分共同努力一样，教会也需要具有独特恩赐和角色的多元化个人，并团结在一起。

为了促进教会社区的团结，我们必须重视每个成员的独特性。我们应该寻求理解和欣赏不同的天赋、观点和经历。

将他人置于自己之上并实践谦卑和爱可以建立联系并消除分歧。健康的关系、宽恕与和解对于培养团结至关重要。

祷告对于团结信徒起着至关重要的作用。当我们互相祈祷时，我们的心就会与主合一的愿望一致。祷告使我们能够抛开个人议程，并邀请圣灵来引导和塑造我们成为一个团结的身体。

总之，追求基督身体的合一需要刻意的努力。让我们记住，合一反映了神对祂的教会的渴望。让我们一起积极努力实现团结，体现将我们联系在一起的基督的爱和恩典。

祷告：天父，我们承认基督身体合一的重要性。帮助我们拥抱每个成员的独特性，建立爱和理解的桥梁。指导我们实践谦卑和无私。将祢的灵倾注在我们身上，使我们能够抛开分歧、宽恕并寻求和解。我们感谢祢让我们有幸成为祢教会的一部分，我们祈求团结的体现，为祢的名带来荣耀。阿门。

## 第28天：大胆分享你的信仰

反思以信心和勇气分享信仰的号召

阅读《使徒行传》4章，关注第31节

祈求有机会和勇气分享你的信仰

今天，让我们思考一下充满信心和大胆地分享信仰的重要性，正如使《徒行传》4：31所例证的那样。

"祷告完了，聚会的地方震动，他们就都被圣灵充满，放胆讲论神的道。"

早期的门徒面临反对和挑战，但他们热切地祈求勇气。他们的祷告得到了回应，他们被圣灵充满，使他们能够放胆宣扬神的话语。

分享我们的信仰并不总是那么容易。怀疑、害怕被拒绝或不确定别人会如何反应可能会阻碍我们。但神呼召我们与世界分享祂的爱和真理，坚定我们的信念。

回想一下你曾经拒绝分享信仰的时候。是什么阻碍了你？是恐惧、不确定性还是担心别人如何看待你？思考神的灵如何帮助你克服这些障碍。我们被提醒，大胆分享我们的信仰并不意味着傲慢或施压。这是在圣灵的信念的引导下，用爱说真话。花点时间反思一下你分享信仰的经历。回想一下，当你感受到圣灵的力量，可以大胆地讲述神的爱和真理时。想想那些时刻对他人和你自己的信仰之旅的影响。当你度过这一天时，祈求神给你机会分享你的信仰，并祈求拥有勇气去拥抱这些机会。祈求圣灵的引导，以智慧、爱心和勇气说话，感动人心，使人更亲近神。

祷告：天父，请赐给我勇气大胆地分享我的信仰。打开对话时刻的大门，让我可以向周围的人表达祢的爱和真理。用祢的圣灵充满我，引导我的言语和行为。愿我所做的一切都反映出祢的爱。奉耶稣的名，阿门。

愿你在信心中前进时在神的灵中找到力量，勇敢和同情地分享祂的爱和真理。

第 29 天：寻求神的引导

发现在决策时寻求神引导的重要性

阅读《箴言》3，关注第 5-6 节

为你的选择祈求智慧和洞察力

在我们的第 29 篇灵修中，让我们深入探讨在做决定时寻求神的指导的重要性，这是我们信仰之旅中必不可少的实践。这种方法使我们的选择与上帝的神圣旨意保持一致，从而带来智慧和内心的平静。

让我们首先默想《箴言》3:5-6："你要专心仰赖耶和华，不可倚靠自己的聪明，在你一切所行的事上都要认定祂，祂必指引你的路。"

这段经文敦促我们全心全意地信靠主，放弃对人的推理的依赖。它邀请我们将我们的决定交给祂，承认祂的主权和完美的智慧。

当我们积极寻求神的引导时，我们邀请祂进入我们生活的各个方面，认识到祂知道什么对我们最好。这种做法可以帮助我们避免冲动或以自我为中心的选择，使我们与祂的神圣计划保持一致。

面对各种决定和挑战，祈求智慧和洞察力至关重要。

《雅各书》1:5 提醒我们，"你们中间若有缺少智慧的，应当求那厚赐于众人也不斥责人的神，主就必赐给他。"

神渴望赐予祂的智慧，但我们必须通过祷告积极寻求。

当我们继续信仰之旅时，让我们永远记住在决策过程中寻求神指导的重要性。全心全意地相信祂，热切地祈求智慧，并心甘情愿地将我们的选择交给祂完美的旨意。

当你在生活的各个方面寻求神的引导时，愿神大大祝福你。

祷告：天父，今天我在做决定时寻求祢神圣的指导。我承认祢是所有智慧的源泉，并相信祢知道什么对我来说是最好的。帮助我不要依赖我的理解，而是依赖祢在我生活的各个领域的领导。当我应对选择和挑战时，请赐予我智慧和洞察力。揭示祢的旨意并引导我沿着祢所准备的道路前进。奉耶稣的名，我祈祷。阿门。

第 30 天：反射神的光

反思你作为神的光在世界上的反射的角色

阅读《马太福音》5 章，关注第 14-16 节

祈求你有力量在你的言语和行动中闪耀神的光芒

当我们结束 30 天的灵修之旅时，让我们反思一下我们作为神的光在世界上的传播者的角色。在忙碌的生活中，我们常常忘记了体现祂的爱和恩典的呼召。

今天，让我们默想《马太福音》5：14-16："你们是世上的光。城造在山上，是不能隐藏的。人点灯，不放在斗底下，是放在灯台上，就照亮一家的人。你们的光也当这样照在人前，叫他们看见你们的好行为，便将荣耀归给你们在天上的父。"

考虑以下这句话的相关性：我们是世上的光！我们无法隐藏神放在我们里面的光，就像山上的城市无法隐藏一样。它的目的是辐射和影响我们周围的其他人。

想想你是如何通过你的言语和行动来表达神的光。是否有过恐惧或怀疑使那盏灯变暗的时候？找出需要改进的地方，并更加刻意地体现祂的爱和恩典。

在默想这一点的同时，祈祷有力量和勇气来闪耀神的光芒。求祂每天用祂的灵充满你，使你能够通过你的言行表达祂的爱、仁慈和怜悯。

今天花点时间考虑一下如何在日常生活中有意地照亮上帝的光。愿祂的光引导你的行动，荣耀祂的名。

祷告：天父，感谢祢指定我作为祢在这个世界上的灯塔。帮助我每天拥抱这个呼召，让祢的爱和恩典散发在我身上。当恐惧或怀疑掩盖了祢的光芒时，请原谅我。主啊，坚固我，用祢的灵充满我，这样我就可以在任何情况下大胆地闪耀祢的光。请赐予我智慧，让我能够在与他人的互动中发现机会展现祢的爱和善良。

愿我的言语和行为荣耀祢，并吸引其他人更接近祢的心。阿门。

结论：

恭喜你完成了为期 30 天的改变性灵修之旅！你的成就给我带来了真正的快乐。我真诚地希望你在这段时期与神和耶稣的深刻经历将成为持久的灵感源泉，不断塑造和提升你的信心。

明白你与神的关系是一个不断成长和亲密的旅程，这一点至关重要。为了培养这种亲密的联系，请通过祈祷、勤奋研究祂的话语、培养与信徒同工的团契以及为周围的人无私服务来坚定地奉献。通过将自己深深地锚定在祂身上，你的信心不仅会蓬勃发展，还会将祂丰富的祝福带入你的生活。

我衷心祈祷，当你继续与神携手同行，热切寻求神的神圣指引，并无私地与世界分享祂的爱时，神会赐给你无限的祝福。愿你的生命因祂的光辉而闪耀，愿祂的恩典与平安不断拥抱你。永远记住要继续培养你的信心，知道祂坚定地站在你身边，指导你迈出的每一步。

向你致以最热烈的祝福，祝愿你在与祂一起的非凡旅程中继续受到祝福并取得深刻的成长！

# 可重复:植根于信仰
# 30 天圣经经文

第1天：拥抱神的应许

以赛亚书 41:10 – "你不要害怕，因为我与你同在；不要惊惶，因为我是你的神。我必坚固你，我必帮助你，我必用我公义的右手扶持你。"

第2天：相信神的供应

腓立比书 4:19 – "我的神必照祂荣耀的丰富，在基督耶稣里使你们一切所需用的都充足。"

第3天：把你的焦虑卸给祂

彼得前书 5:7 – "你们要将一切的忧虑卸给神，因为祂顾念你们。"

第4天：在神的同在中寻找平安

诗篇 46:10 – "你们要休息，要知道我是神！我必在外邦中被尊崇，在遍地上也被尊崇。"

第5天：祈祷的力量

腓立比书 4:6-7 – "应当一无挂虑，只要凡事借着祷告、祈求和感谢，将你们所要的告诉神。神所赐出人意外的平安，必在基督耶稣里保守你们的心怀意念。"

第6天：将控制权交给神

箴言 3:5-6 – "你要专心仰赖耶和华，不可倚靠自己的聪明，在你一切所行的事上都要认定祂，祂必指引你的路。"

第7天：培养感恩的心

帖撒罗尼迦前书 5:18 – "凡事谢恩，因为这是神在基督耶稣里向你们所定的旨意。"

第8天：用信心克服恐惧

诗篇 34:4 – "我曾寻求耶和华，祂就应允我，救我脱离了一切的恐惧。"

第9天：更新你的心意

罗马书 12:2 – "不要效法这个世界，只要心意更新而变化，叫你们察验何为神的善良、纯全、可喜悦的旨意。"

第10天：在神的恩典中安息

哥林多后书 12:9 – "祂对我说："我的恩典够你用的，因为我的能力是在人的软弱上显得完全。"所以，我更喜欢夸自己的软弱，好叫基督的能力覆庇我。"

第11天：从软弱中寻找力量

以赛亚书 40:29 – "疲乏的，祂赐能力；软弱的，祂加力量。"

第12天：寻求明智的建议

箴言 11:14 – "无智谋，民就败落；谋士多，人便安居。"

第13天：培养健康的关系

传道书 4:9-10 – "两个人总比一个人好，因为二人劳碌同得美好的果效。若是跌倒，这人可以扶起他的同伴；若是孤身跌倒，没有别人扶起他来，这人就有祸了。"

第14天：将自我保健作为一种属灵实践

哥林多前书 6:19-20 – "岂不知你们的身子就是圣灵的殿吗？这圣灵是从神而来，住在你们里头的。并且你们不是自己的人，因为你们是重价买来的，所以要在你们的身子上荣耀神。"

第15天：放弃完美主义

诗篇 139:14 – "我要称谢祢，因我受造奇妙可畏；祢的作为奇妙，这是我心深知道的。"

第16天：拥抱神的时间

传道书 3:1 – "凡事都有定期，天下万务都有定时。"

第17天：行在神的光中

诗篇 119:105 – "祢的话是我脚前的灯，是我路上的光。"

第 18 天：过有目标的生活

耶利米书 29:11 – "耶和华说：我知道我向你们所怀的意念是赐平安的意念，不是降灾祸的意念，要叫你们末后有指望。"

第19天：坚持希望

罗马书 15:13 – "但愿使人有盼望的神，因信将诸般的喜乐、平安充满你们的心，使你们借着圣灵的能力大有盼望。"

第20天：在基督里建立坚固的根基

马太福音 7:24-25 - "所以，凡听见我这话就去行的，好比一个聪明人，把房子盖在磐石上。雨淋，水冲，风吹，撞着那房子，房子总不倒塌，因为根基立在磐石上。"

第21天：培养知足的精神

腓立比书 4:11-12 – "我并不是因缺乏说这话，我无论在什么景况都可以知足，这是我已经学会了。我知道怎样处卑贱，也知道怎样处丰富，或饱足或饥饿，或有余或缺乏，随事随在，我都得了秘诀。"

第22天：在诗篇中寻找安慰

诗篇 34:17 – "义人呼求，耶和华听见了，便救他们脱离一切患难。"

第23天：在神的面前实践正念

诗篇 46:1 – "神是我们的避难所，是我们的力量，是我们在患难中随时的帮助。"

第24天：在沉默和孤独中寻求平静

诗篇 62:1-2 – "我的心默默无声，专等候神，我的救恩是从祂而来。唯独祂是我的磐石、我的拯救，祂是我的高台，我必不很动摇。"

第25天：对自己和他人表达怜悯

歌罗西书 3:12 – "所以，你们既是神的选民、圣洁蒙爱的人，就要存怜悯、恩慈、谦虚、温柔、忍耐的心。"

第26天：通过社区增强你的信心

希伯来书 10:24-25 – "又要彼此相顾，激发爱心，勉励行善。你们不可停止聚会，好像那些停止惯了的人，倒要彼此劝勉；既知道那日子临近，就更当如此。"

第 27 天：庆祝神的信实

耶利米哀歌 3:22-23 – "我们不致消灭，是出于耶和华诸般的慈爱，是因祂的怜悯不至断绝。每早晨这都是新的，祢的诚实极其广大。"

第 28 天：拥抱宽恕的力量

歌罗西书 3:13 – "倘若这人与那人有嫌隙，总要彼此包容，彼此饶恕；主怎样饶恕了你们，你们也要怎样饶恕人。"

第 29 天：摆脱忧虑和焦虑

腓立比书 4:6-7 – "应当一无挂虑，只要凡事借着祷告、祈求和感谢，将你们所要的告诉神。神所赐出人意外的平安，必在基督耶稣里保守你们的心怀意念。"

第 30 天：拥抱神无条件的爱

罗马书 8:38-39 – "因为我深信：无论是死，是生，是天使，是掌权的，是有能的，是现在的事，是将来的事，是高处的，是低处的，是别的受造之物，都不能叫我们与神的爱隔绝；这爱是在我们的主基督耶稣里的。"

结论：

当你度过这 30 天的旅程时，请记住神在每一步都与你同在。愿祂的话语指引你，祂的爱安慰你，祂的圣灵赋予你力量，克服焦虑，体验祂所应许的丰盛生命。

把这些奉献的心意放在心上，反思它们，并将其应用到你的生活中，相信神会将你焦虑的心转变成一个充满平安、喜乐和希望的心。愿你永远在信仰中根深蒂固，在我们救主耶稣基督慈爱的怀抱中找到安息。阿门。

"我的羊听我的声音，我也认识他们，他们也跟着我。我又赐给他们永生，他们永不灭亡，谁也不能从我手里把他们夺去。"- 约翰福音 10:27-28

四个属灵法则：

神深爱你，并为你的生命有美好的计划。

承认罪使你与神之间产生了隔阂。

耶稣基督是唯一能够使你与神和解的桥梁。

要经历这种和解，你需要亲自接受耶稣基督为你的救主和生命的主。

悔改祷告：

仁慈的上帝，感谢祢所有的祝福，尽管我不配。我谦卑地来到祢面前，请求宽恕我的罪孽。请洗净我的过错并引导我回到祢的道路上。我感谢祢持续的爱和关注。求祢继续以祢的恩典和怜悯祝福我。我将努力以一种为祢带来荣耀和光荣的方式生活。阿门

四个属灵法则和悔改祷告都是表达个人真正悔改、拥抱耶稣基督并与祂建立个人和改变性关系的工具。重要的是要认识到这些表达方式不是僵化的公式，而是信心和臣服的真诚反映。如果你将自己的生命重新奉献给耶稣以获得新的新的开始/起点，那么恭喜你。如果你们中有人跟随并诚心说过罪人的祷告，第一次将你们的生命献给耶稣，建议你去参加当地的教堂。如果你有任何疑问，请随时与我联系：karynleechua5784@gmail.com/connect@karyninternational.com

这里有更多圣经经文，鼓励你在任何情况下呼求耶稣。神是无所不在的，祂听到我们的呼求（祷告）：

关于神无条件的爱的圣经经文：

让我们仔细看看每一节经文及其对于理解耶稣无条件的爱的意义：

1. 罗马书 5:8 – "唯有基督在我们还做罪人的时候为我们死，神的爱就在此向我们显明了。"

在这节经文中，使徒保罗提醒我们，神的爱并不取决于我们的行为或价值。即使当我们还是罪人、与神隔绝时，耶稣也心甘情愿地为我们的罪死在十字架上。这表明了神对我们的爱之深 - 一种不应得的、无条件的爱。

2. 约翰福音 3:16 - "神爱世人，甚至将祂的独生子赐给他们，叫一切信祂的不致灭亡，反得永生。"

这是圣经中最著名的经文之一，概括了神对人类之爱的核心。它解释了神的爱是如此巨大，以至于祂派遣祂的独生子耶稣来到世界上来拯救我们。这种牺牲和爱的行为体现了神无条件的爱，因为它为任何相信耶稣的人提供了获得永生的机会。

3. 以弗所书 2:4-5 – "然而，神既有丰富的怜悯，因祂爱我们的大爱，当我们死在过犯中的时候，便叫我们与基督一同活过来。你们得救是本乎恩。"

这些经文强调神对我们丰富的怜悯和慈爱。虽然我们死在罪中，理应受到惩罚，但神出于祂伟大的爱，使我们与基督一同活过来。这段经文强调了这样一个事实：我们的救恩完全取决于神的恩典和慈爱，而不是我们的任何功绩或努力。

4. 约翰一书 4:9-10 – "神差祂独生子到世间来，使我们借着祂得生，神爱我们的心在此就显明了。 不是我们爱神，乃是神爱我们，差祂的儿子为我们的罪做了挽回祭，这就是爱了。"

在这里，约翰描述了神对我们之爱的最终表达。祂差遣祂的儿子为我们的罪献上赎罪祭，使我们与祂和好。这种牺牲表明神的爱不是以我们对祂的爱为条件，而是以祂对我们的爱为条件。尽管我们有缺陷，但这种爱仍寻求我们的救赎和恢复。

5. 约翰一书 4:16 – "神爱我们的心，我们也知道也信。神就是爱，住在爱里面的，就是住在神里面，神也住在他里面。"

6. 加拉太书 2:20 – "我已经与基督同钉十字架，现在活着的不再是我，乃是基督在我里面活着。并且我如今在肉身活着，是因信神的儿子而活，祂是爱我，为我舍己。"

7. 诗篇 23:4 – "我虽然行过死荫的幽谷，也不怕遭害，因为祢与我同在，祢的杖、祢的竿都安慰我。"

8. 诗篇 37:3 – "你当倚靠耶和华而行善，住在地上，以祂的信实为粮。"

这些经文让我们确信，当我们住在爱里，我们就是住在神里面，因为神就是爱。它提醒我们，神的本质就是爱，爱是我们与祂关系中不可或缺的一部分。通过耶稣完美的榜样和祂无条件的爱的礼物，我们可以体验到与神的深厚联系，并将这种爱体现在他人身上。

结束祷告：让祢的光照亮我们

在我们心灵的宁静角落，让我们将这祈祷奉献为一个结束的祝福，一个带有我们共同旅程本质回音的神圣低语：

主啊，当我们结束这场改变性的冒险之旅时，我们谦卑地恳求祢：今天就将祢的光照耀在我们身上。以智慧照亮我们的心，以慈悲照亮我们的心，以坚定不移的信念照亮我们的灵魂。亲爱的天父，请通过我们闪耀祢的光芒。让我们成为祢和平的工具，祢爱的渠道，以及祢无限恩典的反映。引导我们的双手去治愈，我们的言语去抚慰，我们的行动去激励。

在这神圣的时刻，主啊，洁净我们的心灵。净化我们的意图，驱除我们内心的恶意，并使我们充满最纯洁的爱。使我们成为你神圣目的的器皿，将你改变的信息传递到世界的每一个角落。在这祈祷中，我们放下我们的恐惧、疑虑和不足。取而代之的是，赐给我们勇敢携带祢的光芒的力量，分享祢的智慧，并在他人身上谦卑地认识它。

愿这个祈祷在书页之外回响，成为所有寻求祢神圣存在的人的希望和爱的灯塔。奉祢的圣名，我们在此结束，阿门。

"我打发到你们中间的大军队，就是蝗虫、蝻子、蚂蚱、剪虫，那些年所吃的，我要补还你们。"- 约珥书 2:25

"耶和华说：我知道我向你们所怀的意念是赐平安的意念，不是降灾祸的意念，要叫你们末后有指望。"- 耶利米书 29:11

"神的道是活泼的，是有功效的，比一切两刃的剑更快，甚至魂与灵、骨节与骨髓，都能刺入、剖开，连心中的思念和主意都能辨明。"- 希伯来书 4:12

"神爱世人，甚至将祂的独生子赐给他们，叫一切信祂的不致灭亡，反得永生。"- 约翰福音 3:16

阅读：《以弗所书》6:10-18 中神所赐的全副军装

# 致谢

献给爱世人的耶稣：

我将这本书《为什么是耶稣？航行在祂变革性的信息里》
奉献给祢，主，
怀着由衷的感激之情，感谢祢无尽的爱、引导和启示。

献给我亲爱家人：

你对这本书的坚定支持使它在无数方面变得更好。你在我生命中的存在证明了上帝的祝福。

献给所有分享个人见证的人：

你们真挚的故事丰富了这本书的内容，展示了信心的深远影响，为其信息增添了深度。你们的勇气和真诚激励了我们所有人。

怀着深深的感激和深沉的爱，
KARYN L CHUA
WWW.KARYNINTERNATIONAL.COM

致我的翻译者, Hui Ling TEO 牧师;
Church Of Priase; 马来西亚柔佛州

非常感谢您在我的书籍上所做出的卓越翻译工作。您的技能和专注让我的文字在一种新的语言中得以生动展现，使得我的作品能够触达更广泛的受众群体。我衷心感激您的努力，并且无法为您在这个项目中所做出的宝贵贡献表达足够的感谢之情。

# 关于作者

作者是一名基督信徒，11 岁时就经历了耶稣的爱，李玉萍来自西马来西亚霹雳州一个迷人的锡矿小镇金宝。然而，她人生的轨迹在她一出生就被送走后发生了巨大的偏离。即使在她还很小的时候，她就相信这是上帝的指引和主导，她得到了一位富有同情心的妇女的照顾，这位妇女亲切地欢迎她进入她的内心和家中。通过她的仁慈，玉萍获得了无价的礼物，这也了包括教育。这祝福最终使她于 1976 年来到新加坡，后来又于 1983 年来到澳洲并在那里完成了商业课程。

在她错综复杂的生活中，1995年出现了一个转折点。当时她遇到了一位行走圣经的人，他从头到尾了解圣经，完全体现了他的信仰。他们随后的婚姻标志着共同冒险之旅的开始。他的职业将他们带到世界的各个角落，使他们能够沉浸在不同的文化中并拥抱国际生活的精髓。

她的旅程将她带回澳洲，她的孩子们在那里找到了自己的道路，并正在努力追求自己的事业。与此同时，她的丈夫继续在海外工作。他们一起在生活中以无数的经历和全球的联系来维持着微妙的平衡。

Karyn Lee Chua (李玉萍)
www.karyninternational.com

www.ingramcontent.com/pod-product-compliance
Lightning Source LLC
LaVergne TN
LVHW051553070426
835507LV00021B/2552